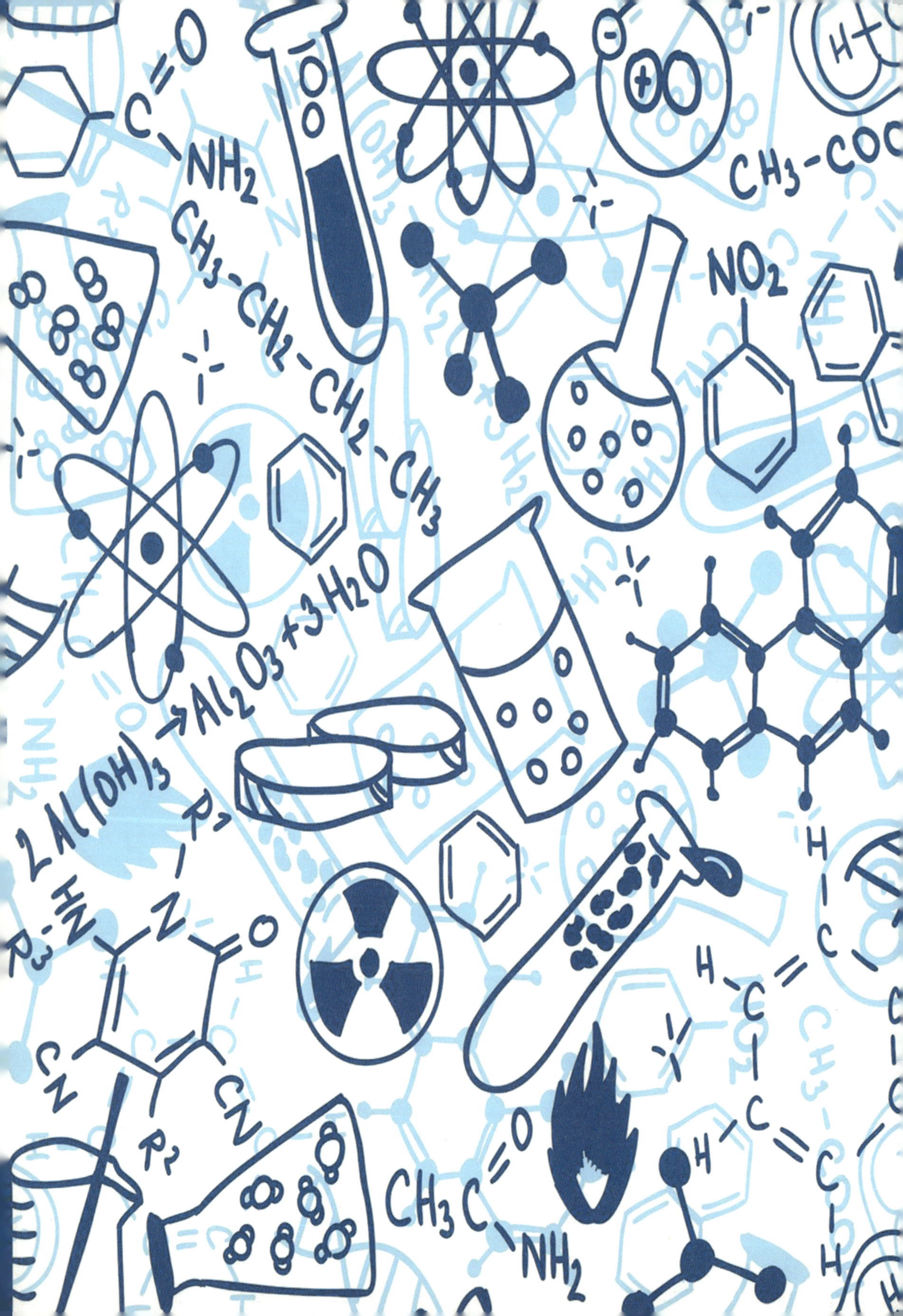

C=O
NH2
CH3-CH2-CH2-CH3
CH3-COO
NO2
2Al(OH)3 → Al2O3 + 3H2O
R1
HN
R3
N
O
CN
CN
R2
CH3C=O
NH2
H
C
H
C
H
C
C
H

꾸러기 지구 수비대

대한과학진흥회 엮음

스완미디어
SWAN MEDIA

책 머리에

오늘날 우리들은 고도로 발달된 과학 문명의 혜택 속에 살고 있습니다.

우리의 선진 조국 창조를 위해 무엇보다 중요한 것이 과학 기술의 개발입니다. 특히 자원이 부족한 우리나라에서 가꾸어야 할 유일한 자원은 과학 기술로 무장한 풍부한 인력 자원입니다.

대한 과학 진흥회에서는 배우는 학생들을 위해 사물을 깊이 관찰하는 습관과 합리적이고 창의적인 과학적 사고를 심어 주기 위한 방법의 하나로 과학 문고를 엮어 내고 있습니다.

과학 문고를 펴냄에 있어서 딱딱한 과학지식을 그림을 곁들여 쉽고 재미있게 이야기로 풀어 써서 학생들이 스스로 원리를 발견하고 재미를 느끼게 함으로써 과학의 여러 분야에 대하여 흥미를 갖고 접근할 수 있도록 하였습니다.

이 책과 더불어 많은 학생들이 과학에 깊은 관심을 갖고 탐구심과 창의력을 기르며 과학을 생활화 할 줄 아는 사람이 되는데 많은 도움이 되었으면 하고 바라는 마음 간절합니다.

기획편찬 **대한과학진흥회**

차례

앗, 이럴 수가

"새롬아, 큰일났어. 이리 나와 봐."

새롬이와 같은 반 친구인 효돌이가 새롬이네 창문을 두드렸습니다. 학교에서 돌아와 숙제를 하던 새롬이는 급히 밖으로 나갔습니다.

"효돌아, 왜 그래?"

"새롬아, 이상한 일이 일어났어."

효돌이는 겁에 질린 얼굴로 벌벌 떨고 있었습니다.

"효돌아, 너 왜 그러니? 유령이라도 나타났어?"

효돌이는 유령 이야기를 제일 무서워하거든요.

"그게 아니고…… 날 따라와 봐."

"그래."

효돌이는 새롬이의 손을 잡고 뛰기 시작했습니다.

"효돌아, 숨 차. 천천히 가자."

"안 돼! 빨리 가야 돼."

새롬이는 옆집 영구네 복실이처럼 헥헥거리면서도 계속 뛰어야만 했습니다.

"다 왔어, 새롬아."

효돌이도 숨이 차는지 헉헉 대며 말했습니다.

"어? 여긴 우리 학교 앞이잖아."

새롬이는 눈을 크게 뜨고 주위를 휘 둘러보았습니다. 그런데 이게 웬일일까요?

학교 운동장에는 쓰레기가 산처럼 쌓여 새롬이네 반 교실로 들어가는 길을 막고 있었습니다. 아니, 비집고 들어갈 틈이 조금도 없었습니다.

"효돌아, 쓰, 쓰레기가 왜 운, 운동장에 버려져 있어? 누가 그, 그런 거야?"

새롬이는 너무 놀라서 말을 더듬었습니다.

"새롬아, 자세히 봐. 저건 쓰레기가 아니야."

"뭐? 쓰레기가 아니라고?"

"잘 보라구."

새롬이는 효돌이의 말에 자신도 모르게 앞으로 한 걸음 다가갔습니다.

"어머나, 정말 쓰레기가 아니네."

"새롬아, 가까이 가서 보자."

효돌이와 새롬이는 운동장으로 들어갔습니다

"어머머, 이건 모두 아이들이 싫증 나서 일부러 버린 거거나 잃어버리고는 찾아 가지 않은 물건들이네."

새롬이는 빨간 필통을 집어 들며 말했습니다.

효돌이도 하얀 운동화 한 짝을 들어 보였습니다.

"새롬아, 이걸 봐. 한 번밖에 안 신은 운동화 같아."

"정말, 필통도 새 것인 걸?"

"누가 이걸 버렸지?"

"우리 반 애들도 많이많이 버렸을 거야."

"그래."

효돌이는 새롬이의 말에 고개를 끄덕였습니다.

"효돌아, 너는 버린 물건 없니?"

"없어. 나는 우리 엄마를 닮아서 어떤 물건이든지 아껴 쓰잖아. 너는?"

"나도 없어. 그런데 우리 엄마는…… 나랑 다르셔. 물건에 금방 싫증을 내시기 때문에 잘 버리고 새 것을 사신단다."

"그래?"

효돌이는 놀란 얼굴을 했습니다.

"응. 그래서 우리 아빠랑 자주 다투셔."

"하하하, 너의 집은 엄마가 어린 아이네."

"칫! 놀리지마."

"미안 미안…… 휴, 그런데 이 물건들을 우리 힘으로 어떻게 다 치우지?"

"효돌아, 치울 게 아니라 물건 주인들이 각자 찾아가게 해야겠어."

"어떻게?"

"집집마다 다니면서 알려야지. 그렇지 않으면 내일 당장 교실에 들어갈 수 없잖니?"

"새롬아, 너는 역시 똑똑해. 그럼 우리 반 애들 집에도 찾아가야겠구나."

"휴우, 숙제도 해야 하는데……. 왜 물건 찾아 가는 날이 있는데도 다들 안 찾아 가는지 모르겠어. 정말 이상한 애들이야."

새롬이네 반에서는 한 달에 한 번씩 '물건 찾아 가는 날'이란 시간이 있거든요. 반 아이들은 자기 물건을 잃어버려도 찾을 생각을 하지 않습니다. 그리고 반 친구들이 찾아서 돌려 주어도 한 번 잃어버린 물건은 다시 쓰려고 하지 않습니다. 신문이나 텔레비전에 나오는 새 상품 광고를 보고 그것을 사서 쓰려고 하지요.

그래서 생각다 못한 선생님께서 그런 시간을 만드신 겁니다. 그래도 아이들은 자기 물건을 찾아가지 않고 자꾸자꾸 새것을 삽니다.

새롬이는 생각해 보았습니다.

'나도 혹시 물건을 함부로 버린 적이 있었던 것은 아닐까?'

그 때 물건 더미 뒤쪽에서 효돌이가 새롬이를 급히 불렀습니다. 새롬이가 뛰어가니 효돌이가 손가락으로 무언가

를 가리켰습니다.

“새롬아, 이걸 읽어 봐.”

산처럼 쌓인 물건 더미 옆에 커다란 나무 표지판이 있었습니다.

어린이 여러분!

여기에 쌓여 있는 물건들은 파란 초등 학교 1학년부터 6학년 전 학생이 마구 버린 갖가지 물건들을 모아 둔 겁니다. 이 물건을 오늘 밤 12시 안으로 다 찾아 가지 않으면 파란 초등 학교 학생들은 자기 교실로 들어갈 수 없습니다.

그리고 물건 주인들은 모두 벌을 받게 될 겁니다. 그러니 빨리 찾아 가세요.

지구를 지키는 천사가 알림.

표지판의 글씨를 읽은 효돌이와 새롬이는 놀라서 어쩔 줄 몰라 했습니다.

"효돌아, 교실에 못 들어가면 공부도 할 수 없겠지?"

"그리고 아이들이 심한 벌을 받을지도 몰라. 정말 큰일 났어."

"그럼 가만 있으면 안 되겠네."

"무슨 좋은 방법이라도 있니?"

"응."

새롬이는 박수를 치며 말했습니다.

"뭔데?"

효돌이는 궁금한 얼굴로 새롬이를 쳐다보았습니다.

"아까 얘기한 대로 하자. 집집마다 다니며 아이들에게 자기가 잃어버린 물건을 찾아 가라고 알리자. 시간이 없어."

"하지만 물건이 저렇게 많은데 언제 전부 찾아다니니? 밤새도록 해도 안 될 거야. 제한 시간은 열두시잖아."

"효돌아, 그래도 하는 데까지 해 보자. 내일부터 공부하려면 빨리 시작해야 해."

"그래, 네 생각이 옳은 것 같아."

효돌이와 새롬이는 집집마다 아이들을 찾아다니기로 했습니다. 1학년부터 6학년까지 전 학년 학생들의 집을 찾아가는 겁니다.

"여보세요! 여보세요!"

쾅! 쾅쾅! 쾅쾅쾅!

그런데 더 이상한 일이 있었습니다.

새롬이와 효돌이가 아주 길게 초인종을 눌러도 누구하나 나와 보지 않는 것이었습니다.

소리소리 지르며 불러도 아무도 얼굴을 내밀지 않았습니다. 주먹으로 대문을 쾅쾅 두드려도 창문조차 열리지 않았습니다.

"어머머, 왜 모두 나와 보지 않을까?"

새롬이는 고개를 갸웃거렸습니다.

"새롬아, 길거리에도 사람이 한 명도 없어."

"정말, 우리 둘밖에 없네."

"지구에 무슨 일이 생겼나? 조금 무서운데……."

효돌이는 춥지도 않은데 두 손을 비비며 말했습니다.

"효돌아. 사람이 나올 때까지 계속 두드려 보자. 문이 안으로 잠겨 있으니 분명히 안에 사람이 있을 거야."

"그래! 넌 역시 책을 많이 읽어서 똑똑해!"

효돌이와 새롬이는 파란 기와집의 대문을 쉬지 않고 두드렸습니다.

"아줌마! 문 좀 열어 주세요!"

"아무도 안 계세요? 문 좀 열어 주세요!"

그러나 강아지 한 마리 나오지 않았습니다. 새롬이와 효돌이는 지쳐서 문 앞에 털썩 주저앉았습니다.

"어떡하지……."

"이젠 힘이 없어서 소리도 못 지르겠어."

두 아이는 서로 마주 보며 중얼거렸습니다. 그러다가 갑자기 효돌이가 벌떡 일어났습니다.

"효돌아, 왜 그래?"

"응! 좋은 생각이 떠올랐어."

"뭔데?"

새롬이도 엉덩이를 털고 일어났습니다.

"히히히…… 잘 보라구."

효돌이는 웃으며 두 손을 확성기처럼 펴고 입 주위에 댔습니다.

"효돌아, 뭐 하는 거야?"

"만화책에서 본 건데 나도 한번 해 보려구. 분명히 내 작전이 성공할 거야."

효돌이는 두 눈을 꽉 감고 손으로 만든 확성기에 입을 대고 있는 힘껏 소리를 질렀습니다.

"불이야! 파란 기와집에 불이 났어요! 불이야! 사람 살려! 불이야!"

불이야
골목 옷가방
청소
....

효돌이가 얼마나 크게 소리를 질렀던지 새롬이는 귀가 멍멍해지는 것 같았습니다.

그런데 참 신기한 일이 벌어졌습니다.

꼭꼭 닫혀 있던 파란 기와집의 이층 창문이 드르륵 열리는 게 아니겠어요. 아라비안 나이트에 나오는 열려라 참깨 문처럼…….

"우, 우리 집에 불, 불이 났다구?"

"네, 아줌마. 대문 앞에 불이 났어요. 빨리 문 열고 물 좀 주세요."

효돌이는 큰일났다는 듯이 발을 동동구르며

말했습니다.

찌잉…… 하는 소리가 나며 문이 저절로 열렸습니다.

"새롬아, 들어가자."

"와! 효돌이, 너 대단한데……."

"뭘 이 정도 가지구."

효돌이는 새롬이의 칭찬에 어깨를 으쓱거렸습니다.

두 아이가 집 안으로 들어가자 안에서도 사람들이 우르르 몰려 나왔습니다. 아 그런데 이게 웬일입니까.

새롬이와 효돌이는 너무 놀라 그 자리에 우뚝 섰습니다. 새롬이는 무서워서 효돌이의 손을 꼭 쥐었습니다.

"효, 효돌아…… 모두 이상한 얼굴이야."

"그, 그래…… 무슨 무서운 병을 앓고 있는 사람들같아."

두 아이는 겁에 질려 벌벌 떨었습니다. 집 안에선 모두 네 사람이 나왔는데, 그들 전부가 남자인지 여자인지 알아볼 수 없을 만큼 머리카락이 숭숭 빠져 있었습니다. 게다라 얼굴은 온통 부스럼투성이였던 것입니다. 이빨도 썩은 옥수수처럼 시커멓게 썩었고, 등도 휘어져 제대로 서 있지를 못했습니다. 그런 모습을 하고 있어서 어른인지 아이인지조차 구별이 되지 않았습니다.

"불, 불이 났다구?"

네 사람 중 키가 제일 큰 사람이 말했습니다. 그런

데 목소리는 더 끔찍했습니다. 남자 어른 목소리였는데 무거운 쇳소리가 섞여 나왔습니다.

새롬이와 효돌이는 소름이 끼쳤으나 정신을 똑바로 차렸습니다.

효돌이가 두 눈을 똑바로 뜨고 큰 소리로 대답했습니다.

"아니예요. 불이 난 게 아니라 전할 말이 있어서 거짓말을 한 거예요."

"뭐? 거짓말! 아니, 쪼그만 것들이!"

화가 난 남자는 효돌이를 때리려고 손을 쳐들었습니다.

그 때 뒤에 서 있던 사람이 말렸습니다.

"여보! 착하게 생긴 아이들인데 왜 그랬는지 이야기나 들어 봅시다."

말린 사람은 남자의 부인이었습니다.

"좋아. 왜 거짓말을 했어? 너희들은 머리카락도 빠지지 않고 얼굴도 그대로인 걸 보니 좋은 치료약을 구해서 먹은 게로구나. 그 약은 어디서 살 수 있지?"

"아저씨, 그게 아니구요……."

효돌이는 왜 이 집에 왔고, 불이 났다고 거짓말을 했는지 자세히 얘기했습니다.

그러자 아주머니 옆에 서 있던 두 사람이 말했습니다.

"엄마, 나도 새 물건을 많이 버렸어요. 지금 학교에 갔다 올까요?"

"엄마…… 나도 그랬어요."

놀랍게도 두 사람은 아이들이었습니다.

"시끄러워! 그런 얼굴로 어딜 나간다는 거야? 경찰이 잡아 갈지 모른단 말야!"

아주머니가 소리를 지르자 아이들은 더 이상 말을 하지 않았습니다. 대신 아저씨가 입을 열었습니다.

"얘들아, 지금 거리에 사람들이 많이 다니니?"

"아니요, 강아지 한 마리도 보이지 않아요. 아저씨, 무슨 일이 있었나요? 너무 무서워요."

평소에는 의젓한 효돌이었지만 지금은 떨리는 목소리였

습니다.

"그래…… 이게 다 벌을 받은 거지. 모두들 환경을 살리자는 운동을 할 때 우리 식구들은 그 운동에 협조하기는커녕 콧방귀만 뀌면서 우리 멋대로 했단다."

"어떻게요?"

"얘야, 자세히 얘기해 줄 테니 방으로 들어가자. 우리들은 등이 휘어서 서 있는 게 무척 힘들단다."

아주머니의 말에 새롬이는 발걸음이 떨어지지 않아 효돌이의 귀에 대고 작은 소리로 말했습니다.

"효돌아, 너 혼자 들어가. 난 무서워서 싫어. 저 사람들 얼굴만 봐도 소름이 끼쳐. 너 혼자 들어갈래?"

"괜찮아, 내가 있잖아. 그리고 저분들은 나쁜 사람들 같지 않아. 들어가자."

새롬이는 할 수 없이 효돌이를 따라 집 안으로 들어갔습니다.

집 안은 아주 깨끗했고, 살림살이들은 대부분 값 비싸고 화려한 수입품들이었습니다.

새롬이와 효돌이, 그리고 파란 기와집의 네 식구들은 거실 소파에 빙 둘러앉았습니다.

아주머니가 먼저 말을 시작했습니다.

"우리 식구는 비누 대신 샴푸로 매일 머리를 감았단다. 어떤 때는 한국 사람 몸에도 맞지 않는 독한 수입 샴푸를 사다가 머리를 감았지. 환경을 보호하자는 운동을 보고 또 들으면서도 외제가 하도 좋다고 하길래…… 그런데 어느 날부터 머리카락이 숭숭 빠지지 않겠니? 온 가족이 모두……."

아주머니는 울먹였습니다.

이번엔 두 아이 중 큰 아이가 말했습니다.

"나는 돌돌이야. 파란 초등학교 4학년이고, 내 동생 차돌이는 1학년인데…… 우리 식구는 인스턴트 식품을 하도 많이 먹어서 이가 다 썩었고, 피부병도 생겼어. 의사 선생님께서 도저히 치료할 수 없다고 하셔서 저절로 낫기만 바라며 기다리는 중이야. 이 병이 낫기 전에는 학교에 못 갈 거야…… 아이들이 우릴 보고 괴물이라고 놀릴 거란 말이야. 으앙……."

두 아이는 서로 얼싸안고 엉엉 소리내어 울었습니다.

"애들아, 울지마라. 이게 다 엄마 아빠 잘못이지."

돌돌이 아빠는 눈물을 흘리며 말을 계속했습니다.

"애들아. 내 얘길 잘 들어 봐라. 나는 한동안 골프장을 운영했는데, 썩고 더러운 물을 몰래 하천에 버리다가 결국 그 물 때문에 내 몸이랑 우리 식구들 몸이 이렇게 꼽추처럼 휘어졌단다. 돈은 많이 벌었지만 몸이 다 망가지고 말았으니 이제 돈이 무슨 소용이 있겠니……."

돌돌이 아빠는 손으로 얼굴을 가리고 아이처럼 엉엉 울었습니다. 그 손등에도 온통 붉은 점이 나 있고 퉁퉁 부어올라 있었습니다.

그러자 아주머니와 두 아들도 얼굴을 가리고 따라서 울음을 터뜨렸습니다. 모두들 손이 보기 흉했습니다.

새롬이는 돌돌이네 식구의 손을 보며 얼굴을 찡그렸습니다.

"아저씨…… 그런데 문제는요……."

효돌이가 헛기침을 하며 말하자 돌돌이네 식구들은 울음을 그쳤습니다.

"문제라니?"

돌돌이 아빠가 눈물을 닦으며 묻자 다른 식구들도 귀를 쫑긋 세우고 효돌이를 쳐다보았습니다.

"아저씨, 지금 거리에는 사람이 하나도 없어요. 마치 전쟁이 난 것처럼 온 동네가 텅 비어 있어요. 학교 앞에도 아무도 없어요."

"형! 붕어 아저씨도 없어?"

붕어빵이요!
가시는 뺐어요.
어서들 와요.
붕어
냐옹

돌돌이는 효돌이를 형이라 불렀습니다.

"그래."

순간 돌돌이 엄마와 아빠의 얼굴이 똑같이 새하얗게 변했습니다.

학교 앞에서 겨울에는 붕어빵을 팔고, 여름에는 팥빙수를 파는 마음씨 착한 아저씨를 모두가 '붕어 아저씨' 란 별명으로 부릅니다.

파란 초등학교 아이들은 교장 선생님 얼굴은 몰라도 붕어 아저씨 얼굴은 다 알죠. 또, 교장 선생님은 무서워해도 붕어 아저씨는 아주 좋아합니다.

"돌돌아! 지금 붕어 아저씨가 문제야! 아이고, 그나저나 지구가 다 망했나 봐요…… 사람들은 모두 우리들처럼 흉측하게 변해서 집 안에만 있다구요. 아, 지구가 멸망했어요. 이제 우리는 어떡하면 좋죠. 먹을 것도 다 떨어져 가는데……."

돌돌이 엄마는 다시 울음을 터뜨렸습니다.

그 때였습니다.

어디선가 사이렌 소리가 요란하게 울렸습니다.

애애앵…….

효돌이와 새롬이, 그리고 돌돌이네 식구는 숨을 죽이고

삐뽀 삐뽀

귀를 기울였습니다. 다급한 여자의 목소리가 스피커를 통해 들려 왔습니다.

"시민 여러분! 지구의 환경이 모두 파괴되어 산소가 점점 줄어들고 있습니다. 이제 지구에는 사람도 동물도 식물도 살 수 없게 됐습니다. 그래서 우주에 있는 지구와 똑같은 혹성으로 탈출하려고 합니다. 아직 살아 계신 분은 빨리 여의도 광장으로 오십시오. 앞으로 삼십 분밖에 남지 않았습니다. 빨리 오십시오! 그 혹성에는 숨을 쉴 수 있는 맑은 산소와 깨끗한 물이 있습니다. 어서 오십시오! 삼십 분밖에 여유가 없습니다. 살고 싶은 분은 뛰어서라도 오십시오! 어서!"

"아……."

모두들 신음 소리를 냈습니다.

"삼십 분 뒤면 우리는 숨을 쉬지 못해서 죽는대요. 여보, 빨리 여의도로 갑시다. 참, 돈이랑 귀금속을 챙겨야지."

돌돌이 엄마는 가방에 돈과 금팔찌, 다이아몬드 반지 등을 잔뜩 넣은 다음 두 아들의 손을 잡고 집을 나서려 했습니다.

"안 돼."

돌돌이 아빠는 고개를 숙인 채 힘없이 말했습니다.

"왜요?"

"자동차에 넣을 기름이 없어. 우리 나라뿐 아니라 세계에 있는 주유소들이 기름이 떨어져 문을 닫은 지 벌써 보름째란 뉴스 못 들었어?"

"참. 그렇죠. 그럼 뛰어가요."

"여보, 여긴 상계동이야. 아무리 빨리 뛰어도 여의도까지 다섯 시간 이상은 걸릴 거고 또 뛰다가 쓰러질지도 몰라. 게다가 마실 물도 바닥 났잖아. 목이 말라 죽을지 몰

라. 나는 차라리 집에 그대로 있을 거야."

"그래도 난 갈 거예요. 얘들아, 가자. 여기 앉아서 이대로 죽을 순 없어!"

돌돌이 엄마는 두 아이의 손을 잡고 밖으로 나갔습니다.

"아빠! 빨리 오세요!"

"아빠! 같이 가요, 아빠!"

돌돌이와 차돌이는 뒤를 돌아보며 엉엉 울었습니다. 그러면서도 엄마를 따라 집 밖으로 나갔습니다.

효돌이와 새롬이도 밖으로 나가 보았습니다.

방금 전까지 쥐 죽은 듯 조용하던 거리가 아수라장이 되어 있었습니다. 모두들 여의도를 향해서 있는 힘을 다해 뛰느라 정신이 없었습니다.

서로 밀고 밀리는 바람에 넘어지고 밟히는 사람들이 많았습니다. 여기저기서 비명 소리가 나고, 서로 먼저 앞서 가려고 고함을 지르며 싸웠습니다.

새롬이는 발을 동동 굴렀습니다.

"효돌아, 우린 어떡하니…… 난 집에 갈래. 우리 엄마 아빠가 날 기다리실 거야. 너의 부모님도 마찬가지실 테니 얼른 가자."

"집에 가면 뭐 하니."

"무슨 말이야?"

"한 시간 후면……."

효돌이는 말을 하며 손목시계를 보았습니다.

"새롬아, 이제 겨우 십 분 남았어."

"뭐라고?"

"우린 집에 가다가 숨이 막혀 죽을 거야."

"그, 그럼 난 어떡하니…… 우린 이대로 죽는 거야? 왜 우리가 죽는 건데? 난 죄 지은 것도 별로 없어. 환경 운동도 잘 했단 말이야."

"아까 돌돌이 부모님도 말씀하셨고 방송으로도 나왔잖아. 지구에 사는 사람 모두가 한 사람도 빠짐없이 환경 살리기 운동을 해야 하는데 돌돌이네 식구 같은 사람들 때문에 환경이 파괴되고 그래서 자연히 공기가 없어져 죽는 거라구……."

갑자기 효돌이의 얼굴이 하얗게 변했습니다.

"효돌아, 왜 그래?"

새롬이는 효돌이의 팔을 잡고 흔들었습니다.

효돌이는 가슴을 움켜쥐며 땅에 쓰러졌습니다.

"효돌아!"

새롬이는 비명을 질렀습니다. 그리고 효돌이를 일으키려다가 자기도 그만 푹 주저앉고 말았습니다.

"아…… 숨, 숨이 막혀…… 엄마, 나 좀 살려줘요! 엄마…… 숨, 숨을 쉴 수 없어……."

새롬이는 가슴을 움켜쥐며 마구 뒹굴었습니다. 효돌이도 뒹굴며 울었습니다.

"엄마, 효돌이 죽어요. 구해 주세요. 숨이 막혀요!"

"엄마, 새롬이도 죽어요! 숨이 막혀요! 살려 주세요, 엄마!"

환경오염의 실태
(대기오염의 원인과 피해)

현대 산업사회에서는 인구의 증가와 집중, 산업 발전, 소비 증대에 따라 에너지 수자원 토지 각종 자원 등의 수요가 급격히 증대하였다. 이에 따라 막대한 양의 매연 오수 폐기물 유독화합물 소음 진동 방사능물질 등이 배출되고, 이것이 넓은 지역으로 확대됨으로써 환경 오염이 발생한다.

산성비의 원인
석유나 석탄 등 화석 연료를 태울 때 생기는 황산화물과 질소산화물이 대기 중에 산포되어, 수분과 반응하여 생기는 비. 산성우라고도 한다. 이 산성비는 생태계에 악영향을 미친다. 특히 미국의 동부, 캐나다, 유럽 각지에서 이 현상이 심각하게 일어나고 있다. 스칸디나비아 반도의 여러 나라에는 강에서 물고기가 없어진 곳이 많다고 한다.

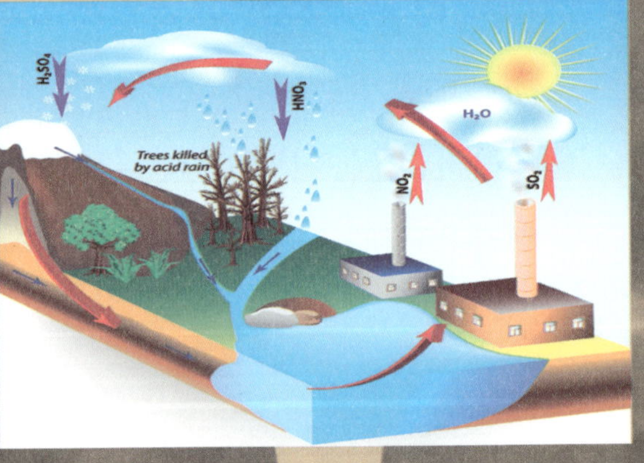

산성비의 폐해
산성이 된 물은 여러 가지 경로를 통해 많은 생물에게 나쁜 영향을 미치는데 특히 산성에 약한 물고기 종류에서 그 영향이 제일 먼저 나타나 점차 다른 생물로 확산된다. 또한 땅에 산성 물질이 쌓이면 토양이 오염되어 그 땅에서 자라는 식물도 피해를 입는다. 이러한 산성비의 영향으로 세계 곳곳에서 삼림이 황폐화되고 하천이나 호수에서 물고기의 떼죽음 현상이 나타나고 있다.

공해(公害)가 환경이 오염된 상태를 의미한다면, 오염은 오염원으로 인하여 인간 및 동식물의 생활에 영향을 미치는 상태를 의미한다. 그러므로 옥외의 대기에 인위적 자연적으로 방출된 오염물질이 과다하게 존재함으로써 대기의 성분 상태가 변화하고, 그 질이 악화되어 인간과 동식물의 생활 활동에 나쁜 영향을 줄 때 대기가 오염되었다고 한다.

자동차 배기가스

자동차 배기가스는 공해문제가 되고 있고, 이 가운데는 다음과 같은 것이 포함되어 있다.

(1) 일산화탄소 CO(완전히 연소하면 CO_2가 된다).

(2) 질소산화물 NO_x(NO, NO_2).

(3) 아황산가스 SO_2(연료중의 유황이 연소된 것).

(4) 이외에 연소되지 않은 탄화수소, 검댕, 틴산가스

황사 현상

중국이나 몽골 등 아시아 대륙의 중심부에 있는 사막과 황토 지대의 작은 모래나 황토 또는 먼지가 하늘에 떠다니다가 상층 바람을 타고 멀리까지 날아가 떨어지는 현상을 말하며 마그네슘 규소 알루미늄 철 칼륨 칼슘 같은 산화물이 포함되어 있다.평상시에는 10 50 ㎍/㎥인 먼지농도가 황사가 발생하면 100 500 ㎍/㎥으로 증가하고, 황사의 주성분인 Si(규소), Al(알루미늄), Ca(칼슘), K(칼륨), Na(나트륨) 등의 농도가 상승한다.

우리 엄마는 왜 그러실까

"새롬아! 아니, 얘가 왜 이래. 새롬아, 정신 차려!"

새롬이는 아득히 들려 오는 목소리에 가슴을 움켜쥔 채 잠시 발버둥을 멈췄습니다.

'분명히 사람 목소리가 들렸어. 그렇다면 내가 죽어서 하늘 나라에 왔나? 아니면 지옥에? 눈을 떠야 하는데…… 그런데 지옥이면 어떡하지…… 참, 효돌이는 어디 갔을까. 효돌이는 착하니까 천국에 갔을 거야. 그럼 나는?'

새롬이는 눈을 뜨지 못한 채 잠시 귀를 쫑긋 세웠습니다. 주위에서 나는 소리를 들으면 자기가 지옥에 왔는지 천국에 왔는지 알 수 있을 것 같았기 때문입니다. 그런데 귀에 익은 목소리가 들려 왔습니다.

"쯧쯧, 유치원 다닐 때 하던 잠꼬대 버릇이 아직도 있다니…… 게다가 여자 애가 이불을 발로 다 차고 자? 혼 좀 내줘야겠구나.”

순간 새롬이는 정신이 번쩍 들었습니다.

'어? 엄마 목소리네. 그럼 난 아직 안 죽었나? 아하! 꿈을 꾼 거로구나. 휴우, 난 내가 진짜 죽은 줄로만 알았었는데…….'

새롬이는 숨을 길게 내쉬며 살짝 눈을 떴습니다. 엄마의 화난 얼굴이 보였습니다. 새롬이는 배시시 웃었습니다.

"엄마……."

"일어나 봐. 네 고함 소리 듣고 잠에서 깼잖니."

"엄마, 나 안 죽은 거죠?"

"뭐? 아니 얘가 어제 저녁에 뭘 먹고 잤길래 이러지? 정신 차려."

"엄마, 지금 몇 시예요?"

"새벽 다섯 시야."

"와, 오랜만에 일찍 일어났네요."

새롬이는 자리에서 일어나 앉았습니다.

"새롬아, 도대체 무슨 꿈을 꿨길래 살려 달라고 비명을 질렀니?"

"환경에 관한 꿈이요."

"오호라, 어제 저녁 때 환경에 관한 글짓기 숙제를 한다고 끙끙 대더니 꿈까지 꿨구나."

"참! 글짓기!"

새롬이는 손뼉을 딱 쳤습니다. 다른 숙제는 모두 했는데 글짓기 숙제만은 원고지 한 장도 제대로 못 쓰고 잠이 들었거든요.

"야, 잘 됐다. 학교 가기까지 아직 시간도 남았으니까 글짓기를 새로 해야지."

"좋은 글감이 떠올랐니?"

"네. 아주 잘 쓸 것 같아요."

"그럼 빨리 써라. 그런 꿈은 자주 꿀 만한 걸. 어쨌든 잠을 덜 자더라도 숙제를 해야 착한 학생이야."

"그런데 엄마, 우리 식구는 머리 감을 때 왜 샤푸를 써요?"

새롬이는 마치 영화를 본 것처럼 기억이 생생한 꿈을 떠올리며 물었습니다.

"치약은 이빨을 닦고, 샤푸는 머리를 감으라고 만드는 거야. 그렇잖으면 머리를 빨랫비누로 감아야겠니?"

"그게 아니고요. 샤푸나 가루비누를 많이 쓰면 몸에도 안 좋고 강이나 바다가 더러워진대요."

"쯧쯧, 어린 애가 별 걱정을 다 하네. 넌 공부나 열심히 해. 샤푸 쓰면 강이 더러워진다고 말하는 사람들이나 비누로 머리 감으라고 해. 나 한 사람 샤푸 쓰는 게 얼마나 나쁘다고 그런 소릴 해. 엄마는 밥이나 해야겠다. 글짓기 잘 해라. 학교에서 숙제 내 주는 건 뭐든지 일등 하는 게 좋은 거야. 그러면 엄마는 새롬이를 더 예뻐 할 텐데."

"칫! 그럼 내가 공부 못하면 엄마는 날 미워하실거예요?"

"얘는! 넌 날 닮아서 예쁘니까 다른 것도 이 엄마 닮아서 잘 할 수 있을 거야. 공부도, 노래도, 그럼 모두 일등 할 거다. 참, 오늘은 토요일이니까 일찍 오너라."

"왜요?"

"엄마랑 같이 목욕하고 맛있는 피자 먹으러 가자. 엄마 친구가 방배동에서 피자집을 시작했거든. 우리를 초대했단다."

"와, 신난다! 고맙습니다, 엄마!"

"쯧쯧, 너도 엄마가 맛있는 것 사 줄 때가 가장 좋지?"

"헤헤헤……."

새롬이는 엄마가 방에서 나갈 때까지 머리를 긁적거렸습니다.

혼자 조용히 책상 앞에 앉은 새롬이는 글짓기를 시작했습니다.

제목은 "아주 무서운 꿈"이었습니다.

그 날 오후.

수업이 끝나고 학교 정문을 나서는데 달구와 효돌이가 새롬이를 불렀습니다.

"새롬아, 오늘 달구 생일이래. 달구네 집에 가자."

"뭐, 생일? 달구야, 초대장을 왜 미리 안 줬니?"

"헤헤헤, 선생님께서 종이

한 장이라도 아끼라고 하셨잖아."

별명이 하마인 달구는 새롬이를 좋아합니다.

"그럼 전화로라도 미리 알렸어야지. 미안해. 난 우리 엄마랑 목욕탕 갔다가…… 아이 참, 내가 왜 이런 말을 하지. 여하튼 난 못 가. 그러니까 효돌이 너 혼자 가."

"아휴, 난 항상 이렇다니까."

달구는 제 이마를 손바닥으로 쳤습니다.

"새롬아, 그럼 잘 가."

효돌이랑 달구가 손을 흔들었습니다. 새롬이도 손을 흔들며 걸어갔습니다. 그러다가 문득 무슨 생각이 났는지 뒤돌아섰습니다.

"효돌아, 너 어저께 꿈꾸지 않았니?"

"꿈? 아니."

"그럼, 내일 우리 집에 와, 내가 꿈 얘기 해 줄게. 아주 아주 무서운 꿈인데 네가 꿈에 나왔단 말이야."

"알았어. 내일 아침밥 먹고 갈게."

효돌이와 새롬이의 말을 듣고 있던 달구가 웃음을 터뜨렸습니다.

"히히히, 효돌아, 자수해."

"뭘?"

너, 새롬이
좋아하지?
야, 너......
아니라니까!

"너, 새롬이랑 연애하지?"
"아, 아니야."
도리질을 하는 효돌이의 얼굴이 빨개졌습니다.
"분명히 아니지?"
"그래!"
효돌이는 화가 난 듯 소리를 꽥 질렀습니다.
"좋아. 효돌아, 내가 비밀 하나 가르쳐 줄게."
"무슨 비밀?"
"난 나중에 어른이 되면 새롬이랑 꼭 결혼할 거야. 그러니까 다른 애가 새롬이를 좋아한다고 하면 나한테 알려 줘. 한 번 알려 줄 때마다 내가 붕어빵 한 개씩 사 줄게."
"뭐? 그, 그건…… 안 돼."
"왜? 어, 효돌아! 같이 가자."
그러나 효돌이는 대답하지 않고 앞서 걸었습니다.
'에이, 씨! 새롬이를 좋아한다고 말할 걸…… 역시 사람은 정직해야 돼. 그러고 보면 달구는 나보다 훨씬 솔직한 애야.'

한편 엄마와 함께 목욕탕에 간 새롬이는 신나게 물장난을 하며 놀았습니다.

엄마는 열심히 때를 미는데 새롬이는 아기처럼 바가지에 물을 떠 놓고 인형을 목욕시킵니다. 화가 난 엄마가 새롬이를 야단치려는데 누군가가 다가왔습니다.

"새롬이 어머니, 안녕하세요?"

"어머나, 원장 선생님. 안녕하세요? 목욕탕에서 자주 만나네요."

"호호호, 깨끗한 사람들이라서 그렇죠."

새롬이가 다니는 피아노 학원의 원장인 이미라 선생님입니다. 새롬이 엄마보다 나이가 어립니다.

"새롬아, 인사해라. 원장님 오셨다."

새롬이는 좋아서 입을 활짝 벌리고 꾸벅 인사를 했습니다.

"새롬아, 이 때수건으로 네 몸 좀 밀어라. 엄마는 마사지 좀 해야겠다."

"저도 마사지할 건데 같이 하시죠."

새롬이는 멍하니 엄마와 원장님을 지켜 보았습니다. 엄마랑 원장 선생님이 같이 마사지를 하는 건 처음 보기 때문입니다.

두 사람은 마사지를 많이 해 보았는지 빠른 손길로 준비를 했습니다. 먼저 그릇에 계란 흰자만 풀어 넣고 거품기로 마구 저었습니다.

"엄마, 왜 계란 흰자를 얼굴에 발라요?"

"얼굴이 희어지고 고와지거든."

그리고는 얼굴을 깨끗이 씻어 내고 얇게 썬 오이를 얼굴에 하나하나 붙인 후 간이 침대에 누웠습니다.

"엄마, 오이는 먹는 건데 왜 얼굴에 붙여요?"

"음…… 얼굴이 깨끗해지고 기미나 여드름이 없어지거든."

엄마와 원장님은 삼십 분 정도 누워 있다가 기지개를 켜고 일어났습니다. 그리고 샤워를 하더니 요구르트와 우유를 온 몸에 비누처럼 칠했습니다.

"엄마, 몸에다가 왜 먹는 걸 발라요?"

"쪼그만 게 별 걸 다 묻네. 피부가 고와지고 반질반질해지라고 바르는 거야. 너도 어른이 되면 엄마처럼 하게 될 거니까 가만히 보기나 해."

그것만이 아닙니다. 엄마와 원장님은 똑같이 머리카락에 마요네즈를 잔뜩 바르고는 수건으로 묶었습니다.

새롬이는 깜짝 놀랐습니다. 마요네즈는 자기가 좋아하는 식품이거든요. 새롬이는 화가 나 그만 큰 소리로 말했습니다.

"엄마! 마요네즈는 샐러드 만들 때 넣어서 먹는 거잖아요. 왜 더럽게 머리에 발라요?" 마요네즈는 무스나 스프레이가 아니예요.

"아휴, 애가…… 조용히 말해. 사람들이 웃는다. 머리카락에 바르면 윤기가 흐르고 아주 부드러워져."

"칫. 내가 샐러드 만들어 달라고 할 때는 마요네즈가 없다고 그러셨으면서……."

"그 땐 정말 마요네즈가 없었어. 새롬아, 너는 엄마가 예뻐지는 게 싫어? 다른 엄마들은 돈 주고 마사지 받지만 엄마랑 원장님은 돈 아끼느라고 직접 하는 거야. 그걸 알기나 하니?"

"그래도 그렇죠. 순전히 먹는 걸 가지고 얼굴에 바르고,

몸에 바르고, 머리카락에 바르면 어떡해요? 엄마가 미워요."

새롬이는 정말 엄마가 미웠습니다.

자기네 반에 용숙이라는 가난한 집 아이가 있는데, 도시락을 싸 오지 못해서 다른 아이들이 맛있게 점심을 먹을 때도 혼자 굶는다는 말을 들은 적이 있거든요. 새롬이가 그런 말을 하면서 도와 주자고 했을 때 엄마는 고개를 흔들며 이렇게 말했었죠.

"새롬아, 사람은 열심히 살면 가난해지고 싶어도 가난해질 수가 없는 거야. 그런 애는 부모가 게을러서 가난한 거니까 네가 신경 쓸 필요 없어. 가난한 사람들을 도와 주느니 차라리 그 돈으로 네 운동화나 한 켤레 더 사 주는 게 낫겠다."

그 때도 새롬이는 엄마가 미웠지만 며칠 지나자 그 일을 잊고 말았었답니다.

'엄마랑 원장님이 낭비하는 귀중한 음식을 용숙이에게 주면 얼마나 맛있게 먹을까. 우리 엄마는 참 이상해. 나는 아주아주 예뻐하면서 다른 애들은 미워하시니…….'

새롬이는 화가 단단히 났습니다. 그러나 엄마 친구가 하는 피자집에 갔다 오면서 마음이 풀렸습니다.

맛있는 피자 맛에 푹 빠져서 엄마에 대한 미움이 싹 가신 거죠. 또 목욕탕에서 있었던 일조차 까맣게 잊었답니다.

그런데 저녁에 신문을 보던 아빠가 하신 말씀에 새롬이는 다시 목욕탕 일을 떠올리게 되었습니다.

"이런이런…… 우리 나라의 환경은 여자들이 다 망칠 거야. 여자들은 왜 목욕탕에서도 극성이지?"

"아니, 그게 무슨 말씀이세요? 여자들이 다 망치다뇨?"

사과를 깎던 엄마는 그 말에 놀라 칼을 탁자에 떨어뜨렸습니다. 옆에 앉아 연속극을 보고 있던 새롬이도 눈을 동그랗게 떴습니다.

"아빠, 신문에 뭐가 실렸는데 그러세요?"

"설마…… 당신은 그러지 않겠지?"

아빠는 새롬이의 말에는 대꾸도 하지 않고 엄마를 흘겨보았습니다.

"내가 뭘요?"

"자. 내가 기사를 읽어 줄 테니 새롬이도 잘 들어 보렴."

엄마와 새롬이는 귀를 쫑긋 하고 아빠를 쳐다보았습니다. 아빠는 헛기침을 하고는 신문을 읽기 시작했습니다.

"요즘 우리 나라의 생활 수준이 높아지면서 목욕 문화도 달라지고 있다. 그런데 좋은 방향으로 흐르는 것이 아니

다. 목욕탕에서 나오는 여러 찌꺼기들이 우리의 물을 망치고 있다. 특히 여자들이 마사지를 할 때 사용하는 계란, 우유, 요구르트, 오일 등등은 그대로 하수도로 나와 강으로 흘러들어간다. 그래서 우리 강은 점점 더러워지고 물고기조차 살 수 없게 된다……."

"그만 읽으세요."

엄마가 화난 얼굴로 말했습니다.

"왜? 이 신문 기사가 틀렸나?"

새롬이는 그제서야 목욕탕에서 있었던 일이 다시 떠올랐습니다. 그러나 잠자코 있었습니다. 엄마가 어떻게 말하는지 보고 싶었기 때문입니다.

"그럼 여자들 보고 어떡하란 말이죠? 특히 모델이나 배우들처럼 예쁘게 얼굴과 몸매를 가꿔야 하는 사람들은 어떻게 하라구요?"

"허허허…… 진짜 미인은 우유나 요구르트로 목욕을 하면서 우리 강을 더럽히지 않지. 세숫비누로 깨끗이 씻으면 되잖아."

"아무리 타고난 미인도 우유로 목욕을 해야지 피부가 고와진다구요."

"아니, 그럼 당신

피부가 고와지는 대신 우리 강은 썩어 가도 좋다는 거요?"

"누가 좋다고 그랬나요?"

"그럼?"

"……."

엄마는 말문이 막혔는지 입을 다물었습니다.

"당신 솔직히 말해 봐요."

"뭘요?"

엄마는 잘못을 저지른 아이처럼 겁먹은 얼굴을 했습니다. 새롬이는 엄마의 그런 표정이 너무 우스워 소리를 내며 발을 구를 뻔했으나 잘 참았습니다.

"당신도 우유로 목욕하고 계란 풀어서 얼굴에 바르지?"

"그, 그래요. 그러니까 내가 예뻐진 거죠."

"이런이런, 새롬이 앞에서 그게 무슨 말이요? 잘못했다는 말을 하기는커녕 오히려 큰소리를 치다니…… 당장 내일부터 그런 짓 하지 말아요!"

"당신은 내가 예뻐지는 게 싫어요?"

"그런 식으로 예뻐지는 얼굴보다는 고향에 계신 우리 어머님처럼 시커멓고 주름진 얼굴이 더 아름다워 보여요. 그러니까 마음을 더 예쁘게 가꿔요."

"왜요? 마사지를 해야 피부도 고와진다구요."

"우리의 강은?"

"그건 내가 알 바 아니예요."

"그럼 깨끗한 물을 먹을 수 없는데도?"

"정수기도 있고, 생수도 있는데 뭐가 걱정이

에요? 또 얼마 안 있어 외국에서 좋은 물을 수입한 대요."

"쯧쯧, 정수기나 생수도 우리의 강이 아직 깨끗하니까 사용할 수 있는 거예요. 만약 강이 완전히 더러워지면 정수기도 소용 없고, 생수도 만들 수 없어요. 그 땐 먹을 물이 없어서 목 말라 죽을지도 몰라요."

순간 새롬이는 꿈이 생각나서 몸을 움츠렸습니다.

그러나 엄마는 눈 하나 깜짝 하지 않았습니다.

"수입한 물을 사 먹지요."

"우리 나라 물 맛이 세계 최고라는데 왜 남의 나라 물을 수입해 먹어요? 우리 강을 우리가 깨끗이 하면 자자손손 먹을 수 있는데 왜 더럽혀서 아무도 못 먹게 한단 말이오?"

엄마는 더 이상 뭐라고 말하지 못하고 아이처럼 고개를 푹 숙였습니다.

"여보, 제가 잘못했어요."

"어험…… 당신은 마사지 안 해도 예쁘니까 우리 강을 더 걱정하는 게 좋아요."

아빠는 선생님처럼 점잖게 말했습니다.

새롬이는 손으로 입을 막고 제 방으로 뛰어들어갔습니다. 웃음을 참느라 그런 거죠.

다음 날, 새롬이는 숙제를 마치고 피아노 학원으로 갔습니다. 그런데 초등학교 1, 2학년 담당이신 김 선생님 대신 원장님이 있었습니다.

"어? 오늘은 원장님이 가르쳐 주실 거예요?"

"그래."

"왜요?"

"너희 선생님께서 갑자기 쓰러지셔서 오늘 아침에 병원에 입원하셨단다."

"네? 수술하셨어요? 어디가 아프신대요?"

"수술은 하지 않았는데……."

원장님은 말끝을 흐렸습니다.

"선생님, 말씀해 주세요. 예쁜 꽃 갖고 병원으로 찾아갈래요."

"사실은 너의 선생님이 콩을 사다가 반찬을 만들어 드셨는데 그게 농약을 잔뜩 뿌린 수입콩이었대."

"농약이요?"

"그래. 새롬이는 농약에 대해 알고 있니?"

"네. 학교에서 배웠어요. 쌀이나 채소, 과일에 너무 많이 뿌리면 사람 몸에 아주 해롭대요."

"우리 새롬이는 참 똑똑하구나."

"원장님. 그럼 우리 선생님은 지금 많이 아프세요?"

"이젠 괜찮으시대. 내일 아침에 퇴원하실 거야."

"원장님. 슬퍼요."

"그래. 나도 슬프단다. 콩조차도 마음 놓고 먹을 수 없다니……. 우리 나라 환경이 언제부터 이렇게 됐는지."

그 때 새롬이는 어제 저녁 일이 생각났습니다. 새롬이는 자세를 바로하며 말했습니다.

"원장님. 환경 문제는 콩에만 있는 게 아니래요."

"그럼 또 무슨 문제가 있는데?"

원장님은 새롬이의 깜찍한 말에 놀란 얼굴로 물었습니다.

'새롬이가 철부지인 줄 알았는데 환경 운동가나 다름없네. 앞으로 아이들에게 본을 보이는 행동을 해야 겠구나. 아이들을 우습게 보면 큰일나지. 나도 결혼하면 아기를 낳

을 텐데 어른답게 굴어야지.'

원장님의 생각을 아는지 모르는지 새롬이는 입을 방긋 열었습니다.

"어저께 목욕탕에서 저희 엄마랑 원장님이 한참 동안 마사지를 하셨죠?"

"그, 그래……."

갑자기 원장님의 얼굴이 빨갛게 달아올랐습니다.

"우리 아빠가 신문 기사를 읽어 주셨는데요. 여자들이 하는 마사지 때문에 우리 강이 더러워지고 오염되어 나중에는 먹을 수도 없게 된대요."

"그래, 맞는 말이지."

"그러니까 원장님도 다시는 마사지 같은 거 하지 마세요. 그냥 비누로 깨끗이 씻고, 머리도 비누로 감으세요. 우리 엄마도 이젠 마사지 안 하신대요. 아빠랑 약속하셨어요."

"미안하다, 새롬아. 그저 예뻐지려는 욕심 때문에 환경에 대해선 전혀 생각을 하지 않았어. 정말 내가 잘못했구나."

"원장님. 저는 어른이 되어서도 우유나 요구르트로 마사지를 하지 않을 거예요. 그럴 돈이 있으면 가난한 아이들

을 도와 줄 거예요."

"세상에! 새롬이는 환경 보호도 잘 하지만 마음씨도 천사 같구나."

"헤헤헤…… 원장님, 고맙습니다."

새롬이는 원장님의 칭찬에 기분이 좋아져 혀를 쏙 내밀고 웃었습니다.

하지만 피아노 학원에서 돌아온 새롬이는 얼굴이 다시 일그러지고 말았습니다.

엄마가 세수를 하는데 또 요구르트로 헹궈 내는 게 아니겠어요.

"엄마! 우리 강이 썩어 간단 말이에요. 다시는 그런 걸로 씻지 않는다고 약속하셨잖아요."

새롬이는 안타까운 목소리로 말했습니다.

"알았다, 알았어. 다시는 안 그럴게. 마치 네가 엄마 같구나."

"정말이죠? 다시는 안 하시죠?"

"그래. 자기 딸에게 거짓말하는 엄마도 있니?"

"고맙습니다, 엄마."

새롬이는 허리를 굽혀 인사를 했습니다.

"고맙다니?"

"사실은 글짓기 숙제를 이렇게 했었거든요. 우리 가족은 모두 환경 보호 대장이라구요. 특히 우리 엄마는 환경을 지키기 위해 샴푸도 안 쓰신다구요."

"그랬니? 새롬아, 고맙구나. 엄마를 좋은 사람으로 얘기해 주다니 정말 착한 딸이야. 이젠 목욕탕에 가서 마사지하지 않을게."

"엄마, 약속해요."

새롬이는 새끼손가락을 내밀어 보였습니다. 엄마와 새롬이는 새끼손가락을 걸고 약속했습니다.

환경오염의 실태

(방사능오염의 원인과 피해)

원자력

원자핵 속에 거대한 에너지가 숨어 있다는 것은 20세기초에 천연으로 존재하는 방사성 원소의 연구로 이미 알려져 있었다. 1905년에 발표된 아인슈타인의 특수상대성이론(特殊相對性理論)은 질량(質量)과 에너지의 동등성(同等性)을 명확히 했다. 즉 1g의 질량이 에너지로 변환되면 9,000억조erg의 에너지가 되며 이것은 100W의 전구 3만 5,000개를 1년 동안 계속 점등할 수 있는 에너지에 상당한다.

원자폭탄의 개발 : 1938년 독일의 O. 한과 F. 슈트라스만에 의한 우라늄 핵분열 현상의 발견은 그 때까지 물질의 궁극구조 구명(究明) 이라는 순수한 물리학적 흥미의 대상에 지나지 않았던 핵물리학과 그 성과를 직접 거대한 핵에너지의 해방이라는 실용문제에 결부시키는 계기가 되었다. 더욱이 그 발견의 시기가 제2차 세계대전 직전이었기 때문에 이 거대한 에너지는 불행하게도 핵무기로 개발되었다.

히로시마원폭 돔 근처에 세원진 기념비

히로시마 원폭

현지 시간 오전 8시 15분, 최초의 핵무기인 "리틀 보이"가 일본 본토 히로시마 상공 580m에서 폭발하였다.일본 당국은 폭발 당시 히로시마에 약 25만 5,000명이 거주하고 있었던 것으로 추정하였으며, 7만 명이 초기 폭발로 인해 사망하였다. 1945년까지 방사능 피폭으로 거의 이와 맞먹는 숫자의 사람들이 사망하였다. 방사능 오염으로 인한 사망과 질병은 오늘날까지도 끊이지 않고있다

원자력 발전소 사고 (체르노빌)

민간 시설에서 발생한 원자력 사고는 32건, 군사 시설에서 발생한 사고는 63건이며, 공개되지 않은 사고는 얼마나 많을지 상상이 안 간다. 체르노빌 원자력 사고(Chernobyl disaster)는 1986년 4월 26일에 우크라이나 체르노빌에서 발생한 방사능 누출 사고이다. 당시 근무하고 있던 직원들이 사망하고, 실험실의 총책임자(아나톨리 댜틀로프)도 피폭 당해 1995년 숨을 거두었다. 또한 1986년에서 1987년 사이에 투입된 22만 6천명의 작업자 중 상당수가 방사능에 피폭되어 사망하였는데, 레벨 7이었다.

후쿠시마 원전 사고

2011년 3월 11일 도쿄에서 북동쪽으로 370㎞ 떨어진 태평양 앞바다에서 규모 9.0의 대지진과 그로 인한 지진해일(쓰나미)이 일어나 도호쿠[東北] 지방을 강타하면서 후쿠시마 제1원전에서 전원(電源) 공급 중단, 냉각설비 파손, 수소 폭발, 다량의 방사성 물질 방출로 이어진, 국제 원자력 사고 등급의 최고 위험단계인 7등급의 사고가 발생하였다. 이로 인하여 후쿠시마 제1원전과 제2원전은 가동 중지되었고, 2012년 4월 일본의 전기사업법에 따라 제1원전의 1~4호기가 폐로(廢爐)되었다.

원자력 발전소의 장단점

장점 : 온실 기체를 배출하지 않으며, 그 때문에 지구 온난화에 미치는 영향이 적다. 저렴한 연료가격, 높은 연료 비축을 자랑한다.

단점 : 원전사고의 경우 그 피해가 크기 때문에 충분히 주의를 기울인다 하더라도 사고에 대한 사회적 불안감이 큰 편이다. 또한 초기 건설비용이나, 운전 중 배출되는 여러가지 방사능 폐기물의 처리, 수명이 다한 원전에 대한 철거 비용, 폐열로 인해 주변 생태계가 영향을 받는 등의 문제가 지속적으로 제기되고 있다.

엄마, 우리 이렇게 해요

"새롬아, 지금 오니?"

"엄마!"

학교에서 돌아온 새롬이는 집에 계신 엄마를 보고 깜짝 놀랐습니다.

"엄마, 오늘은 어디 안 나가셨어요?"

"그래."

"와. 엄마가 집에 있으니까 너무너무 좋아요."

"우리 새롬이가 엄마를 이렇게 좋아하는 줄 몰랐네."

엄마는 웃으면서 말했습니다.

새롬이는 엄마 품에 안겼습니다. 그 동안 엄마는 외출을 많이 했었거든요. 아빠가 출근하고, 새롬이가 학교에 가고 나면 친구들을 만나러 다니고, 쇼핑을 하러 다녔죠. 그래

서 새롬이는 학교에서 돌아오면 늘 텅 빈 집에 힘없이 들어서곤 했습니다.

“새롬아, 손 씻고 간식 먹어라.”

“네, 엄마.”

손을 씻고 주방으로 들어온 새롬이는 식탁을 보고 깜짝 놀랐습니다.

“엄마, 이게 뭐예요?”

"호호호…… 놀랐지."

제과점에서 사온 빵이나 피자, 햄버거 그리고 우유나 청량음료가 있을 줄 알았는데 오늘은 다른 음식들이 놓여져 있었거든요.

"엄마, 누가 가지고 온 거예요?"

"아니. 엄마가 집에서 만든거야."

"오늘, 제과점이 문을 닫았나요?"

"호호호…… 새롬이를 위해서 엄마가 직접 요리를 했단다."

찐 감자를 으깨서 만든 음식이 예쁜 그릇에 동그랗게 담아져 있고, 녹즙기로 짠 사과 주스, 찹쌀에 호박을 넣어서 만든 떡이 식탁 위에 차려져 있었습니다.

"새롬아, 먹어봐. 새롬이가 먹을 간식도 이제부턴 엄마가 직접 만들어 줄게."

"왜요?"

"엄마가 오늘 좋은 데 갔다 왔거든."

"백화점에요?"

새롬이는 엄마가 친구분들과 백화점에 가길 좋아한다는 걸 알고 있거든요.

"아니. 새롬이가 한번 맞혀 보렴."

"음…… 극장?"

"아니지."

"그럼, 외할머니 댁이요?"

"호호호, 아니야. 환경에 관한 강연을 하는 곳이란다. 앞으로 며칠 더 나갈 거야."

"왜 거길 가셨어요?"

"며칠 전 아빠와 마사지 얘기를 한 적이 있었지? 그 때 엄마가 깨달은 게 많았거든. 새롬이에게도 좋은 엄마가 되고 싶어서 다니기로 한 거야."

"와, 우리 엄마 최고다!"

새롬이는 엄마에게 달려가 얼굴에 뽀뽀를 했습니다.

"엄마, 거기서 무슨 얘기를 들으셨어요?"

"오늘은 주로 음식과 물에 관한 내용이었단다."

"엄마, 저도 듣고 싶어요."

"우리 새롬이 참 착하구나. 그래, 얘깃거리가 많으니까 천천히 해 줄게. 호박떡 맛있니?"

"네, 엄마. 매일매일 만들어 주세요."

"그래. 아프지 말고 건강하게 무럭무럭 자라거라."

엄마는 새롬이의 머리를 쓰다듬어 주었습니다.

"참, 엄마. 오늘 선생님께서 이런 말씀을 하셨어요."

"무슨 말씀?"

"저희 학교의 축구부 선수들이 그 전 선배 선수들처럼 튼튼하지 못하대요. 연습을 조금만 많이 해도 힘들어서 쓰러진대요. 요즘 선수들이 예전보다 훨씬 잘 먹고 잘 자라난 어린이들인데도 몸은 더 약하대요. 왜 그럴까요?"

"오늘 강연회 때도 그 얘기가 나왔단다."

"얘기해 주세요."

"그래. 그건 뼈가 약해져서야. 뼛속에 칼슘이라는 영양소가 부족하면 뼈가 약해지지. 요즘 어린이들도 칼슘이 많은 고기나 생선을 많이 먹지만 콜라나 라면 같은 걸 자주 먹으면 아무 소용이 없단다."

"왜요?"

"콜라나 라면 또는 쫄깃쫄깃한 식품에는 인산이 많이 들어 있는데 이것이 우리 몸 속에 있는 칼슘과 합쳐져서 인산 칼슘이라는 게 되거든."

"그럼 칼슘은 좋고, 인산은 나쁜 건가요?"

"칼슘은 우리 뼈를 튼튼하게 자라도록 도와 주는데, 인산은 마치 큰 물고기가 작은 물고기를 꿀컥 삼키는 것처럼 칼슘을 삼켜서 몸 밖으로 빠져 나간단다."

"그럼 우리 뼈가 튼튼하게 자랄 수 없겠네요?"

"그렇지."

"아하…… 그럼 나도 이제부터 라면을 안 먹을래요."

"호호호…… 엄마도 그 얘기를 듣고 새롬이에게 콜라 같은 청량 음료를 사 주지 말아야겠다고 결심했단다. 이제까지 새롬이한테 그런 걸 마시게 해서 미안하구나."

"헤헤헤."

엄마가 미안하다고 하자 새롬이는 소리내어 웃었습니다.

"엄마, 맛있게 먹었습니다."

"이 닦아라."

"네."

치카치카치카카…… 크르르…… 크르르…….

칫솔질을 열심히 한 새롬이는 수도꼭지를 틀어 놓은 채 입을 대고 행궈 냈습니다.

"아, 시원하다."

양치질을 한 새롬이는 수건으로 입을 닦았습니다.

"새롬아. 다음부터는 컵에 물을 받아서 양치질을 할래? 엄마가 오늘 빨간 컵, 노란 컵, 파란 컵을 사 왔거든."

"왜요?"

"컵으로 물을 받아서 양치질을 하면 수도를 틀어 놓고 하는 것보다 물이 훨씬 절약되지."

"몰랐어요. 그런데 제 컵은 어떤 색이에요?"

"네가 고르렴."

"으응…… 노란 컵이요."

"새롬아. 세수도 하고 발도 씻으렴. 그럼 정신이 맑아져서 공부하기가 훨씬 좋을 거야."

"네. 어? 엄마…… 세숫대야에 담가 놓은 게 뭐예요?"

"참, 세숫대야도 새로 사왔단다. 그 전에 쓰던 건 빨래용으로 사용할 거니까 세수할 때는 새로 산 하늘색 세숫대야를 사용하렴."

"엄마, 왜 빨래를 손으로 하세요? 세탁기가 있잖아요?"

"손수건이나 양말같이 작은 빨래는 엄마가 바쁘지 않을 때 손으로 직접 빨기로 했단다."

"왜요? 힘들잖아요."

"손으로 빨래를 하면 물도 절약되고 전기도 아낄 수 있거든.”

“엄마, 그럼 저도 손수건이나 신던 양말 같은 건 직접 빨겠어요.”

“네가 빨래를 한다고?”

“물도 아끼고, 전기도 아끼고, 엄마를 덜 힘들게 할래요.”

“그래? 우리 새롬이 정말 효녀네.”

“엄마가 환경 이야기를 많이 해 주시니까 참 좋아요.”

"그럼 새롬이도 환경에 관한 연구를 많이 해서 엄마를 도와 주렴."

"좋아요!"

새롬이는 자신만만하게 말하더니 양변기 쪽으로 갔습니다.

"왜 그러니 새롬아?"

그러나 새롬이는 아무 대답도 하지 않고 변기 뒤에 붙은 물통 뚜껑을 열었습니다.

"엄마. 우리 선생님께서 말씀하셨는데요, 파란물이 나오게 하는 이런 제품은 쓰지 말래요."

"왜?"

엄마는 고개를 갸웃거렸습니다. 동그랗게 생긴 '파랑이'를 양변기 뒤에 달린 물통 안에 넣으면 사용할 때 마다 파란물이 나와서 깨끗해 보이고, 기분 나쁜 냄새도 가셔지는 것 같거든요. 그래서 요즘 집집마다 화장실 변기 청정제인 파랑이를 쓰지 않는 집이 없을 정도죠.

"파랑이는 가루비누처럼 합성 세제 종류라서 우리 물을 망치게 한대요."

"어머나, 엄만 그런 것도 모르고 오늘도 슈퍼에서 다섯 개나 더 사왔는데 이걸 어쩌지……."

"엄마, 슈퍼에 가서 다른 걸로 바꿔 오면 되잖아요?"

"참, 그렇지."

"엄마, 제가 다녀 올게요. 무얼로 바꿔 올까요?"

"응…… 옳지. 설거지용 물비누가 떨어졌으니까 그걸로 바꿔 오렴. 한아름 슈퍼란다."

"네."

새롬이는 파랑이 다섯 개를 비닐 봉지에 넣어 들고 집을 나섰습니다.

"새롬아, 어디 가니?"

"아줌마, 안녕하세요? 송이야, 너도 안녕!"

길 건너편의 아파트에 사는 엄마 친구분이었습니다. 새롬이 엄마랑 동갑이지만 결혼을 늦게 해서 이제 두 살짜리 딸 하나가 있습니다.

"안농?"

송이는 이상한 말투로 새롬이에게 인사했습니다. 아직 어린 아기라서 말하는 게 서투르죠.

"어? 아줌마. 그런데 손이 왜 그래요? 다치셨어요?"

"응, 아파서 병원에 다녀오는 길이란다."

송이 엄마의 오른쪽 손이 손목까지 하얀 붕대로 감겨져 있었습니다. 그리고 왼쪽 손은 붕대로 감지 않았지만 마치

뜨거운 물에 데인 것처럼 붉었습니다.

“뜨거운 물에 데었나요?”

어렸을 때 뜨거운 물에 데서 왼쪽 종아리 부분에 작은 흉터가 남아 있는 새롬이라서 금방 그 생각이 떠올랐죠.

“그건 아니고…… 그런데 넌 지금 어디 가니?”

새롬이는 파랑이가 든 비닐 봉지를 보이며 왜 슈퍼에 가는지 말했습니다. 그러자 송이 엄마의 눈이 둥그래졌습니다.

“새롬아. 슈퍼는 나중에 가고 우선 나랑 같이 너희 집에 가자. 지금 너희 집으로 가던 길이었거든.”

“저는 슈퍼에 들러야 돼요.”

“아줌마 얘기를 들은 다음 가면 더 좋을 거야.”

“네.”

새롬이는 그 이유가 궁금했지만 송이와 장난을 하며 집으로 되돌아왔습니다.

“어머, 송이 엄마. 어서 와요.”

반갑게 웃던 엄마도 송이 엄마의 손을 보더니 깜짝 놀라는 얼굴을 했습니다.

“사고를 당했나요?”

소파에 빙 둘러앉자마자 엄마는 궁금증을 참지 못해 물

었습니다.

"그게 아니라…… 합성 세제, 그러니까 설거지할 때마다 쓴 물비누 때문에 그래요."

"네?"

엄마와 새롬이는 똑같은 소리를 냈습니다.

"처음엔 손가락마다 피부가 갈라지더라구요. 그래서 약국에서 피부 연고를 사다 발랐죠. 그런데도 점점 심해지더니 나중엔 껍질이 벗겨지고, 말할 수 없이 가렵더니 벌겋게 부어 오르더라구요."

"세상에……."

"그래서 오늘 병원에 갔더니 의사 선생님께서 합성 세제 때문에 생긴 피부병이라면서 치료해 주시더라구요."

송이 엄마는 붕대를 풀러 보였습니다. 불에 데인 것처럼 벌겋게 부어 오른데다가 피부가 갈라지고 껍질도 벗겨져서 보기 흉할 정도였습니다. 새롬이는 자기도 모르게 얼굴을 잔뜩 찡그렸습니다.

"왼쪽 손도 그러네요?"

"네…… 하지만 심하진 않아요."

합성 세제
때문에......

"저도 요즘 손이 가렵고, 피부가 마르는 것 같았지만 별 신경을 쓰지 않았는데 조심해야겠군요."

"새롬이 엄마도 병원에 가서 치료를 받으세요. 심해지면 치료하기가 더 힘들대요. 그리고 합성 세제도 그만 쓰세요."

이야기를 듣고 있던 새롬이는 어른들이 답답하게 생각되었습니다. 그래서 송이 엄마에게 물었습니다.

"아줌마, 고무장갑을 끼고 일하시면 되잖아요?"

"그렇겠군요."

엄마도 한 마디 거들었습니다.

"그래서 제가 의사 선생님께 물었죠. 오늘부터 고무장갑을 끼고 일을 할까요, 하고 말이에요."

"그랬더니 뭐라 하시던가요?"

엄마는 몹시 궁금하다는 듯 물었습니다.

"야단을 맞았어요."

"왜요?"

"장갑을 끼고 일한다고 문제가 해결되는 건 아니니까요. 우선 합성 세제를 쓰지 말아야죠. 그 의사 선생님은 우리의 몸뿐만 아니라 자연 환경도 치료하시는 의사 선생님이셨어요. 샴푸, 린스, 가루비누, 물비누 같은 합성 세제나

락스, 화장실 변기 청정제 같은 걸 사용하면 우리 물이 더럽혀진다고 가르쳐 주시더라구요."

"아줌마, 합성 세제의 나쁜 점은 그거 하나뿐인가요?"

새롬이가 물었습니다.

"아니. 그 외에도 다섯 가지나 더 있단다. 의사 선생님께서 자세히 얘기해 주셨어. 정말 좋으신 분이지."

"다섯 가지나요? 아줌마, 말씀해 주세요. 잠, 잠깐만요."

새롬이는 소파에서 벌떡 일어나더니 제 방으로 뛰어 들

어갔습니다.

"아니, 저 애가 왜 그러지…… 송이 엄마. 저도 오늘 환경 문제를 같이 걱정하고 보호를 위해 실천하자는 모임에 나가 강연을 듣고 왔어요."

"어머, 그래요? 그럼 저도 다닐래요."

"잘됐군요. 오늘 하루 들어 봤는데, 다른 집 엄마들과 아이들이 많이 와서 함께 듣고 실천하면 참 좋겠더라구요."

그 때 새롬이가 공책과 연필을 들고 왔습니다.

"아줌마, 이제 말씀해 주세요."

"공책은 왜 갖고 왔니?"

"다음 주에 환경 보호를 위해 우리가 실천할 수 있는 일이나, 환경 보호를 하지 않아서 생기는 문제점을 발표하는 시간이 있거는요. 그래서 적으려고요. 발표를 잘 하고 싶어요."

"호호호…… 새롬이가 이젠 다 컸구나. 그래 아줌마가 천천히 말해 주지."

엄마와 새롬이는 송이 엄마의 말을 한 미디도 빠트리지 않고 열심히 들었습니다. 물론 새롬이는 또박또박 적었어요.

자, 새롬이 공책에 뭐라고 쓰여 있나 볼까요?

합성 세제의 나쁜 점

1. 우리 몸 속에 있는 간장을 나쁘게 한다. 그래서 얼굴빛이 검게 되고 기미가 낀다. 이런 증세는 부엌일을 많이 하는 엄마들에게서 자주 나타난다.

2. 손이 갈라지거나 지문이 없어진다. 피부 껍질이 벗겨지거나 갈라지며, 벌겋게 부어 오르고 가려워서 일을 할 수 없게 된다.

3. 합성 세제로 세탁하면 아무리 헹궈 내도 합성 세제가 남아 있게 된다. 특히 피부가 약한 갓난아기들이 합성 세제로 빨래를 한 옷이나 기저귀를 사용하게 되면 사타구니에 피부병이 생긴다.

4. 샴푸나 린스를 쓰면 머리카락이 점점 가늘어져 툭툭 끊어질 정도로 약하게 되고, 머리카락 색이 변하며, 머리카락이 빠져 대머리가 될 수 있다.

5. 우리 몸 속을 흐르는 피 속 칼슘의 양을 낮게 만들어서 체질을 산성으로 변하게 한다. 이렇게 되면 피로를 쉽게 느끼게 되고 몸이 약해진다.

6. 합성 세제 성분이 우리 몸에 쌓이게 되면 설사, 구토를 일으킬 수 있다.

"아줌마, 고맙습니다."

공책에 다 적고 나서 새롬이는 송이 엄마에게 꾸벅 인사를 했습니다.

환경오염의 실태

(수질오염의 원인과 피해)

수질 오염

자연수역이라 함은 일반적으로 하천 호수 해역 등과 같이 눈에 띄는 표면수를 가리키며, 폐물질이라 함은 가정폐수 공장폐수 등 문명사회로부터 배출되는 액상폐기물을 가리킨다. 그리고 바람직하지 않게 변한다고 함은 용수(用水)로서의 가치와 외관이 저하되고, 환경보전 및 국민보건에 역영향을 끼치게 된다는 뜻이다.

가축의 오물로 인한 오염

요즈에는 축산업도 기업화 하면서 한 곳에서 수천 마리의 가축을 기르게 되었고, 매일 발생하는 오물의 처리가 어려워졌다. 돼지를 기르는 축사에서는 고압으로 물을 뿌려 흘러 내려가게 하고 그 물은 쉽게 강이나 하천으로 흘러들게 된다 이렇게 하천으로 들어온 축산폐수는 악취를 풍기고 강물을 오염시키고 있다.

공장에서 방류하는 폐수로 인한 오염

하천오염의 원인이 되는 물질 중의 하나가 공장폐수이다. 1991년 페놀 유출사건은 구미공단의 한 전자회사에서 페놀폐수를 무단으로 방류하면서 발생한 사건이다. 유출된 페놀폐수는 상수도의 물을 공급하기 위해 염소소독을 하면서 염소와 페놀이 반응하여 악취가 발생하게 된 것이였다.대구에서 발생한 페놀은 낙동강을 타고 부산까지 내려가 경상도 일대의 수돗물을 식수는 물론, 목욕물로도 사용할 수 없게 만들었었다.

녹조 현상

녹조 현상은 비정상적으로 많이 번식한 녹조류 때문에 물빛이 녹색이 되는 것을 말한다. 녹조가 발생하면 물속에 들어가는 햇빛이 차단되고 물속에 녹아 있는 산소량이 줄어들기 때문에, 물고기와 수중 생물이 숨을 쉴 수 없다. 또한 녹조가 썩을 때 나는 악취는 주변 생태계를 파괴시킨다.

지하수오염의 원인 - 강물오염보다 무서워

강물이 오염되면서 사람들은 수돗물 대신 지하수를 식수로 사용하기 시작했다. 그런데 지하수도 오염되어 먹을 수 없게 되는 경우가 늘고 있어. 약수터도 수질검사를 해서 먹을 수 없다고 판단되면 사용하지 못하도록 하고 있다. 1970년대에는 물이 부족하면 지하에 구멍을 뚫고 지하수를 사용했었다. 그런데 사용하고 난 다음 구멍이 그대로 방치되었고, 이 구멍으로 오염물질이 들어가 깊은 곳의 지하수가 그대로 오염되었던 것이다. 더구나 지하수가 한번 오염되면 강물이 오염되는 것보다 훨씬 정화하기 힘들다.

소중한 물을 위해 우리는...

물을 아껴쓰고, 주방세제와 합성세제는 가능한 소량을 사용하며, 주방쓰레기는 하수구에 버리지말고, 폐식용유는 씻기 전, 먼저 종이로 딱자. 또한 적어도 1년에 한번씩 정화조를 청소합시다.

아빠, 우리 같이 실천해요

"이상한데……."

저녁 식사를 하는데 아빠가 엄마를 보며 고개를 갸웃거렸습니다.

"왜요? 제 얼굴에 뭐가 묻었나요?"

"그건 아닌데…… 뭔가 이상해."

아빠는 이번엔 새롬이를 쳐다보았습니다.

"아빠, 왜 그러세요? 저는 하나도 이상하지 않은데요?"

"허허허…… 오늘따라 엄마랑 너랑 유난히 사이가 좋아 보여서 그래."

"아하…… 아빠 생각이 틀린 게 아니에요."

새롬이도 웃으며 말했습니다.

"왜?"

"엄마랑 저는 오늘 한 팀이 되었거든요."

"한 팀이라니? 여자 축구 선수단이라도 만들었니?"

"호호호…… 아니예요. 환경 보호를 하기로 했거든요."

"환경 보호?"

"네."

엄마가 대신 대답했습니다.

"이젠 쓸데없이 놀러 다니고 백화점에 가서 돈 쓰는 일은 하지 않기로 했어요. 그 대신 환경 보호를 위해 어떤 일부터 실천해야 할지 찾아보기로 했죠. 그리고 아파트 아주머니들과 다같이 토요일마다 양로원에 가서 노인분들을 도와 드리기로 했어요. 자원 봉사죠."

"와…… 당신이? 역시 당신은 훌륭해."

"아이…… 이제 시작인데요, 뭐."

엄마는 얼굴을 붉혔습니다.

"시작이 반이라는 속담도 있잖소. 그럼 우리 새롬이도 엄마처럼 좋은 일을 하겠다는 거니?"

"네, 아빠. 그러니까 아빠도 같이 하세요."

"좋지! 그럼 우리 집은 이제 환경 보호 실천의 집이구나."

"네."

“좋은 얘기를 해서 그런지 밥맛이 더 좋구나. 평소보다 너무 많이 먹었는데…….”

아빠는 숟가락을 놓으며 웃었습니다.

“그럼 설거지를 하고 나서 과일을 드릴 테니 기다리세요.”

“엄마, 저도 설거지하는 거 도와 드릴래요.”

"그러렴."

엄마와 새롬이는 설거지를 하기 시작했어요. 그런데 식탁에 앉아서 신문을 보시던 아빠가 급히 손짓을 했어요.

"여보. 생선을 튀겼던 기름을 하수구에 그냥 버리려고?"

"네."

"그럼 안 되지. 환경 보호를 한다면서."

"왜요, 아빠?"

새롬이가 물었습니다.

"아빠가 책에서 읽었는데 가령 된장 찌개 국물 한 그릇을 버리면 그것을 정수하기 위해 욕조물 25통이 필요하고, 라면 국물 한 그릇은 5통, 술 한잔은 3통이 필요하다는구나. 며칠 전 마사지 얘기를 했지만 우유 한 팩이 흘러든 하천을 맑게 하려면 욕조물이 몇 통이나 필요한지 아니? 당신도 대답해 봐요."

엄마랑 새롬이는 어려운 산수 문제를 풀기나 하듯 끙끙댔습니다.

"아빠! 욕조물 5통이 필요할 것 같아요."

"제 생각엔…… 7통? 8통?"

"틀렸어요. 15통이 필요하대요."

"15통이요? 와……."

엄마와 새롬이는 눈을 둥그렇게 뜨고 매우 놀라워 했습니다.

"그러니 그 튀김 기름을 그대로 하수구에 흘려 보내면 물이 얼마나 필요하겠소. 우유도 아닌 기름인데…… 100통 200통 가지고도 모자랄 테지."

"그렇겠군요……."

엄마는 말끝을 흐렸습니다.

"아빠, 그럼 어떡해야 해요? 쓰고 난 튀김 기름을 다시 먹을 순 없잖아요?"

"어험…… 가르쳐 주지. 생선이나 고기를 튀겼던 기름으로 저공해 비누를 만들면 된단다."

"비누를 만들어요?"

새롬이는 깜짝 놀랐습니다. 미끌미끌한 기름으로 비누를 만든다는 말이 아무리 생각해도 이해할 수가 없었기 때문이죠.

"그런 말을 들은 것도 같은데 방법은 잘 모르겠어요."

엄마는 설거지를 잠시 미룬 채 의자에 앉았습니다. 새롬이도 옆에 앉았죠.

"새롬아, 아빠 말을 그냥 듣기만 할 거야?"

"네?"

새롬이는 엄마의 말 뜻을 몰랐습니다.

"아까 송이 엄마가 말씀해 주실 때는 공책에 적었잖아?"

"참! 아휴, 왜 그 생각을 못 했지? 아빠, 잠깐만 기다려 주세요."

"새롬아, 엄마 것도 가지고 올래? 내일 당장 만들어 보게."

"네, 엄마!"

새롬이는 날아갈 듯 제 방으로 갔습니다.

"새롬이가 왜 저러지?"

엄마는 웃으면서 낮에 있었던 일을 이야기했습니다.

"허허허…… 그래? 우리 새롬이가 1학년이라 어리광만 피우는 줄 알았는데 의젓해졌군. 이게 다 당신이 집에서 교육을 잘 시킨 탓이지."

"아이, 당신두……. 아버지인 당신이 모든 일에 모범을 보여서 그래요."

엄마와 아빠는 서로를 칭찬했습니다.

"아빠, 저는 아직 글씨를 빨리 쓰지 못하니까 천천히 말씀해 주세요."

"알았다."

아빠는 튀김 기름으로 저공해 비누 만드는 법을 차근차근 얘기해 주셨습니다.

새롬이는 초롱초롱 빛나는 눈으로 열심히 듣고 받아 적었죠. 물론 엄마도 학생처럼 또박또박 적었습니다.

저공해 비누 만드는 법

1. 생선이나 고기를 튀긴 다음, 남은 기름을 고운 채에 걸러 찌꺼기를 걸러낸다.

2. 한 말 짜리 통에 양잿물을 1. 75킬로그램 넣은 뒤 물을 큰 우유통으로 세 통, 작은 우유통으로 한 통반 분량만큼 천천히 넣으며 주걱으로 젓는다.

3. 양잿물이 다 녹으면 모아 놓은 기름을 큰 우유통으로 열한 통, 작은 우유통으로 세 통 정도 넣는다.

4. 그런 다음 약 15분에서 30분 정도 잘 저어 뻑뻑해지면 스티로폼 상자에 부어 틀을 만든다.

5. 그 뒤 2~3일 간 두었다가 굳어지면 적당한 크기로 썰어 말린다. 그대로 계속 놔 두면 적당히 굳어지므로 쓰기에 알맞게 된다.

저공해 비누를 만들 때 주의할 점

1. 양잿물은 위험한 것이므로 절대로 어린이 혼자 만들지 말고 어른과 함께 만들어야 한다.

2. 양잿물은 냄새가 독하므로 양잿물을 녹일 때는 바람이 잘 통하는 곳에서 마스크를 쓰고 해야 한다. 양잿물을 저어 녹이는 일은 항상 어른이 해야 한다.

3. 양잿물에 물을 넣을 때는 천천히 해야 한다.

4. 물을 넣은 다음 양잿물을 넣으면 안 된다. 꼭 양잿물을 넣은 다음 물을 부어야 한다.

5. 스티로폼 상자가 없으면 집에서 쓰는 빨간 고무통을 사용하면 된다.

"와…… 아빠는 남잔데 어떻게 이런 걸 아셨어요?"

"환경 보호 하는 일에는 남자 여자가 따로 없어. 아빠 회

사에서도 한 달에 한 번씩 환경 보호에 대한 강연회를 연단다."

"그런데 왜 새롬이나 저에게 가르쳐 주지 않았어요?"

엄마가 물었습니다.

"집에 오면 피곤하고 귀찮아서……. 그런데 당신과 새롬이가 적극적으로 환경 보호 운동을 한다니까 저절로 말이 술술 나오네. 허허허."

드디어 기다리던 발표 시간이 되었습니다.

아이들은 열심히 준비를 해 왔습니다. 선생님은 아이들이 발표한 것들 가운데 아이들 스스로 실천할 수 있는 일들을 골라 칠판에 적으셨습니다.

"여러분들도 공책에 적어서 집 안 여기저기에 붙여 놓으세요. 그래서 여러분뿐만 아니라 온 가족이 함께 지키도록 하면 참 좋은 일이겠죠?"

"네!"

평소에는 공부 시간이면 늘 떠들던 장난꾸러기 아이들도 열심히 적었습니다. 모두들 어린이 환경 보호 회원이라도 된 것처럼 말입니다.

1. 다 본 동화책, 만화책은 친구들과 돌려 본다(다 본 책을 집에 그대로 쌓아 두는 것도 자원 낭비다).

2. 낱개로 포장해서 파는 과자나 사탕은 먹고 싶더라도 꾹 참고 사 먹지 말자. 그러면 과자 회사에서도 그런 제품을 만들지 않는다.

3. 식당이나 뷔페 같은 곳에 가면 음식을 먹을 만큼만 담아서 먹는다. 우리 집이 아니라고 마구 담은 다음 남기는 일이 없어야 한다.

4. 공책은 처음부터 끝까지 빈 칸을 두지 말고 깨끗이 쓰고, 중간에 뜯어 내서 장난하는 데 사용하지 말자. 쓰다 만 공책을 버리는 일이 없도록 하자.

5. 재활용 공책을 쓰자. 겉장이 예쁘다고 비싼 종이로 만든 공책을 사는 일이 없도록 하자.

6. 학용품은 아껴 쓰고 잃어버렸을 땐 꼭 되찾도록 하자.
7. 건전지는 그냥 버리지 말고 모아서 건전지를 모으는 곳에 가져간다.
8. 한 번 놀고 버릴 장난감은 사지 말자. 우리가 그런걸 자꾸 사니까 어른들이 만들어서 파는 것이다.
9. 일회용 도시락, 컵, 수저 등 일회용품은 절대로 쓰지 말자. 조금만 부지런해지면 일회용품이 없어도 살 수 있다.

"자, 그 밖에 또 조사해 온 사람 있어요?"

선생님께서 교실 안을 휘 둘러보며 물었습니다.

"네!"

효돌이가 팔을 번쩍 들고 자신만만하게 대답했습니다.

"그럼 효돌이가 말해 봐요."

"선생님, 저는 물건 종류 별로 조사했어요. 쓰레기 문제죠."

"좋아요. 그럼 시작해요."

효돌이는 자리에서 일어나 자신이 조사해 온 것을 큰 소리로 읽었습니다.

"쓰레기를 잘 나누어서 모으는 것도 환경 보호를 하는 겁니다.

첫째, 유리병은 물로 잘 헹구어서 병과 뚜껑을 따로따로 모아 둡니다.

둘째, 알루미늄 캔도 물로 헹군 다음 바로 납작하게 해서 분리 수거함에 넣습니다.

셋째, 우유팩이나 일회용 컵도 물로 헹구어 잘 말린다음 가위로 잘라서 모읍니다.

넷째, 신문은 신문대로 모으고 광고지는 연습장으로 쓸 수 있는 것과 없는 것을 가려서 모읍니다.

다섯째, 부탄 가스통은 구멍을 낸 다음 찌그러뜨려서 모아 둡니다.

여섯째, 헌 옷 중 좋은 것은 알뜰 시장이나 벼룩 시장에 무료로 기증합니다.

일곱째, 음식 찌꺼기는 물을 다 빼낸 다음 썩는 비닐에 담아 잘 묶어서 버립니다."

와, 짝짝짝…….

효돌이의 발표가 끝나자 아이들은 누가 시키지도 않았는데 큰 박수를 쳐 주었습니다. 어떤 아이들은 이렇게 말하기도 했습니다.

"효돌아, 복사해서 나눠 줘라."

"효돌아, 네 별명을 돌돌이가 아니라 환경 박사라고 해야겠다."

"효돌아, 넌 공부는 안 하고 그것만 조사했니?"

선생님도 칭찬해 주셨습니다.

"정말 잘했어요. 그런데 효돌이는 이런 것들을 어디서 조사했죠?"

"네. 저희 외삼촌이 환경 보호 단체의 회원이세요. 그래서 여쭤 봤더니 가르쳐 주셨어요."

"와…… 좋겠다."

아이들은 부러운 눈으로 효돌이를 쳐다보았습니다.

"자, 더 발표할 사람 있어요?"

그제서야 새롬이는 손을 들었습니다.

"새롬아, 어서 발표하렴."

새롬이는 송이 엄마와 아빠가 해 주신 이야기를 적은 공책을 펼치며 자리에서 일어났습니다.

"엄마들이나 여학생들은 집에서 합성세제를 너무 많이 사용합니다. 그런데 이 합성 세제가 우리 몸에 얼마나 나쁘고, 우리 강을 얼마나 더럽히는지 아는 사람은 별로 없을 겁니다."

크고 또렷또렷하게 울려 퍼지는 새롬이의 목소리.

어느 새 선생님과 아이들은 다같이 고개를 끄덕이고 있었습니다. '정말 옳은 말이야.' 하면서요.

환경오염의 실태

(토양오염의 원인과 피해)

토양 오염

인간의 활동에 의해 만들어지는 여러 가지 물질이 토양에 들어감으로써 토양이 환경구성 요소로서의 기능을 상실하는 것. 토양오염은 대체로 지하자원의 이용으로 암석 중의 무기성분이 지표에 쌓이게 되거나, 농약에 의해 합성유기염소계 화합물 또는 알킬수은화합물 등이 축적되어 발생하며, 공업단지와 도시 매연가스에 의한 산성비, 식품포장 폐기물, 시설축산의 폐기물 등에 의해서도 이루어진다.

농약의 살포로 인한 토양오염

살포한 농약은 휘산(揮散)에 의해 기권(氣圈)으로 옮겨지고, 용탈에 의해 수권(水圈)으로 이동되며 특히 PCB, 유기염소계 농약, ABS 등과 같은 분해되지 않는 유해 물질과 합성수지류에 오염되면 회복되기 어렵다.

토양오염의 경로
중금속은 농약과 화학비료 살포, 그리고 광산이나 제련소, 염색 공장 등에서 방류된 폐수로 토양에 유입된다. 중금속은 생물체에 축적되어 심각한 문제를 일으키며, 토양오염의 주범으로 지목받고 있다.

폐기물의 분해 기간
우리가 쓰고 버린 각종 폐기물은 재질에 따라 분해되는 데 걸리는 시간이 각기 다른데, 플라스틱 등은 무려 분해에 500년이나 걸린다.

건강한 토양 환경을 보전하기 위해서는 농약과 화학비료 사용량을 최소화하고, 천적을 이용하거나 유기질비료를 사용하는 유기농업을 널리 보급해야 한다. 그리고 정화 능력이 떨어진 토양이나 오염된 흙을 제거하고 깨끗한 흙으로 바꾸는 객토 작업도 필요하다. 아울러 산업폐기물의 보존과 관리에 대한 체계적인 시스템도 마련해야 한다.

붕어빵 아저씨, 힘내세요

"새롬아, 빨리 가자!"

"효돌이구나. 잠깐만 기다려."

공부 시간이 끝나자마자 효돌이는 새롬이를 불렀습니다. 어제 받은 용돈으로 새롬이에게 붕어빵을 사 준다고 약속했거든요. 그 때였습니다.

"효돌아, 잠깐!"

효돌이를 좋아하는 유리가 왔습니다.

"왜?"

"우리 집에 갈래?"

"왜?"

"나랑 같이 숙제하자. 우리 엄마랑 아빠가 해외 여행 가셔서 할머니랑 파출부 아줌마만 계시거든. 심심해서 그래."

"그럼, 새롬이도 데리고 가자."

"싫어!"

유리는 새롬이를 싫어합니다. 효돌이가 자기보다 새롬이를 더 좋아한다는 걸 알기 때문이에요.

"그럼 나도 안가."

"에이, 좋아. 그럼 같이 가."

세 아이가 나란히 복도를 걸어가는데 달구가 휘파람을 불며 앞을 막았습니다.

"히히히, 너희들 단체로 어디 가니?"

"아휴, 하마야! 넌 빠져. 나는 뚱뚱한 사람이 제일 싫더라."

잘난 체를 잘 하는 유리가 눈을 흘겼습니다. 그래도 달구는 웃기만 했습니다.

"히히히, 뚱뚱한 사람은 착하다는 걸 몰라?"

"그럼 천사나 선녀들은 다 뚱뚱하겠네?"

하하하…… 호호호…….

유리의 말에 아이들은 웃음을 터뜨렸습니다.

"유리야. 달구도 데리고 가자. 그럼 하나도 심심하지 않을 거야. 달구는 커서 개그맨이 된다는 아이잖아."

"휴우, 효돌이 너만 데리고 가려고 했는데 두 명이 더 늘었네. 좋아, 가자. 나는 너무 착해서 탈이야."

아이들은 다시 한번 웃었습니다.

유리네 집은 아파트가 아닌 2층 양옥집입니다.

유리 할머니와 파출부 아주머니가 맛있는 과일과 빵을 거실 탁자에 잔뜩 차려 주었습니다.

배가 고팠던 아이들은 말도 잊은 채 정신 없이 먹었습니다. 과자도 과일도 거의 바닥이 날 즈음 하얀 털북숭이 강아지 한 마리가 2층에서 조르르 내려왔습니다.

“어머나! 참 예쁜 강아지다. 바둑아, 이리 와 봐.”

강아지를 좋아하는 새롬이는 강아지를 안으려 했습니다.

“그러자 유리는 얼른 강아지를 안으며 톡 쏘아붙였습니다.”

“새롬아, 촌스럽게 바둑이가 뭐니?”

“바둑이가 뭐가 촌스러워? 그럼 그 강아지 이름이 뭔데?”

"미미야."

"미미?"

"그래. 이 강아지는 외국 개야."

"똑똑하겠다."

"응."

새롬이는 부러운 눈으로 쳐다보았습니다. 새롬이는 아파트에 살기 때문에 강아지를 키울 수 없거든요.

"유리야. 그 개는 똥을 어디다 싸니?"

자기 아버지랑 가끔씩 개고기를 먹는다는 달구가 비시시 웃으며 물었습니다.

"어디다 싸긴. 2층에 미미 집이 있는데 항상 그 앞에다 싸."

"그럼 그 똥오줌을 어떻게 하는데?"

"아이 참. 효돌이 너는 별 이상한 질문을 다 하는구나. 파출부 아줌마가 쓰레기통에 버려."

"쓰레기통? 분리 수거를 할 텐데 그 똥을 어디다 버려? 그리고 오줌은 어떻게 하고?"

새롬이는 눈을 동그랗게 뜨며 물었습니다.

"아휴, 속상해. 너희들 우리 집에 왜 왔니? 똥 오줌 얘기 하려고 왔니?"

"그건 아닌데…… 궁금해서 그래."

"그게 뭐가 궁금하니?"

"환경에 관한 문제라서 그래. 그러니까 솔직하게 말해 줘 봐."

새롬이는 물러서지 않고 다시 물었습니다.

"그래, 새롬이 말이 틀린 건 아니야."

효돌이까지 나서자 유리는 할 수 없이 대답을 했습니다.

"내가 보니까 파출부 아줌마가 똥은 비닐 봉지에 담아서 일반 쓰레기통에 버리고, 오줌은 물로 씻어 내려서 하수구에 보내는 것 같아."

"그럼 안 되는데……."

"왜 효돌아?"

유리는 눈을 깜빡이며 물었습니다. 효돌이에게 잘 보이고 싶어하는 유리거든요.

"선생님께서 말씀해 주셨잖아. 강아지나 고양이 똥오줌은 썩는 비닐 봉지나 신문지에 잘 싸서 쓰레기통에 넣어야 한다구."

"그랬나…… 잘 기억이 나지 않아서……."

유리는 말끝을 흐렸습니다.

"유리야, 강아지 목욕은 어떻게 시키는데?"

새롬이는 강아지를 바라보며 물었습니다.

강아지의 털이 아주 깨끗한 걸 보니 목욕을 자주 시키는 것 같아서죠.

"그냥 화장실에서 시켜."

"나도 그 전에 강아지를 키웠는데 목욕을 시키면 털이 많이 빠지더라. 미미도 그렇지?"

"응."

"그럼 빠진 털은 어떻게 하니?"

"어떻게 하긴. 그냥 하수도에 물과 함께 흘려 보내지."

"와! 유리는 공부는 잘 하지만 환경 문제는 빵점이구나. 히히히……"

달구가 부른 배를 쓰다듬으며 말했습니다. 유리의 얼굴이 화가 난 것처럼 붉으락 푸르락해졌습니다.

"그럼, 빠진 털을 어떻게 하니? 강아지 보고 먹으라고 할까?"

유리는 소리를 꽥 질렀습니다.

친구들이 모두 자기를 놀리는 것 같아 화가 났던 것입니다. 다행히 효돌이가 유리를 달래 주었습니다.

"유리야, 화내지 마. 우린 친구니까 이런 이야기를 할 수 있는 거야. 강아지 털은 잘 쓸어 모아서 쓰레기통에 버리면 돼."

"그래, 앞으론 그렇게 할게."

"자, 여러분! 오늘 강아지에 대한 연구 토론은 이것으로 마치고 이제부터 즐거운 오락 시간을 갖겠습니다. 그럼 제일 먼저 파란 초등 학교의 명가수 박달구 씨의 노래를 듣겠습니다. 자, 박수!"

난데없는 달구의 말에 아이들은 어느 새 얼굴을 활짝 폈습니다. 유리도 웃음을 지었습니다.

"달구야, 아주 신나는 노래를 불러 봐."

"좋아! 새롬이의 부탁이니 들어 주지. 그럼 힘껏 박수를 친 다음 조용히 귀를 기울여 주세요."

짝짝짝…….

아이들은 모두 신나는 춤과 노래를 기대하며 달구를 바라보았습니다. 그런데 달구는 점잖게 두 손을 마주잡고는 눈을 감더니 뜻밖의 노래를 불렀습니다.

"동해물과 백두산이 마르고 닳도록 하나님이 보우하사 우리 나라 만세……."

세 아이는 멍하니 듣고 있다가 나중엔 박수를 치며 웃음을 터뜨렸습니다.

"역시 달구는 최고의 개그맨이야!"

"달구야, 유명한 개그맨이 돼도 우리를 모른 척하면 안 돼."

"달구, 너는 뚱뚱한 게 정말 잘 어울려."

효돌이, 달구, 새롬이는 즐거운 마음으로 유리네 집에서 나왔습니다. 같이 노래하고 먹고 노는 동안 유리와 새롬이도 친해졌습니다.

"우리 붕어빵 사 먹자."

세 아이는 같은 아파트 단지에 사는데 그 곳으로 가려면 학교 앞을 지나야 합니다. 학교 앞에는 붕어빵 아저씨가 있지요.

"달구야. 많이 먹었는데 또 먹으려고?"

"효돌아. 나는 위가 두 개야. 그래서 많이 먹어야 한다구. 내가 사 줄게."

"달구야, 너 몸무게가 몇 킬로그램이니?"

"히히히, 맞혀 봐. 새롬이 네가 맞히면 붕어빵 세 개 사 줄게."

"정말?"

"그래."

"40킬로그램!"

"틀렸어."

"그럼 몇 킬로그램이야?"

"히히히, 놀라지 마. 55킬로그램이야."

"뭐? 55? 와…… 그것도 환경 공해니까 몸무게 좀 줄여."

"환경 공해라고? 효돌이 이리 와! 때려 줄 거야."

달구는 말은 그렇게 하면서도 웃는 얼굴이었습니다.

"달구야, 초등학교 1학년이 55킬로그램이면 너무한 거 아니니? 아무리 마음씨 좋은 여자 애라도 널 좋아하지 않을 거야. 그러니까 여자 친구를 사귀고 싶으면 살을 빼."

"새롬아, 내가 살 빼면 나랑 데이트 할래?"

"뭐, 데이트? 아휴, 저질!"

세 아이는 웃고 떠드는 동안 어느 새 붕어빵 아저씨의 포장 마차 앞에 도착했습니다.

"붕어 아저씨, 안녕하세요?"

세 아이는 똑같이 고개를 숙이고 인사를 했습니다.

"오냐. 그런데 어디 갔다 오는 길이니?"

"네. 친구네 집에서 놀았어요. 아저씨, 붕어빵 좀 주세요."

"오냐. 따끈따끈한 걸로 주지."

김이 모락모락 나는 붕어빵을 호호 불며 먹는 아이들의 모습을 보며 아저씨는 즐겁게 웃었습니다.

"너희들은 참 착한 아이들 같구나."

"아저씨, 우리가 착한지 어떻게 아세요?"

새롬이가 물었습니다.

"얼굴을 보면 알지."

"착한 사람은 얼굴이 어떤데요?"

"글쎄, 꼭 어떻게 생겼다기보다는……."

붕어 아저씨는 말을 하다 말고 갑자기 앞을 노려보았습

니다.

“아저씨, 왜 그러세요?”

아이들도 붕어 아저씨를 따라 앞을 바라보았습니다. 그러나 지나가는 사람들과 자동차 말고 이상한 것은 아무것도 없었습니다.

“아저씨, 왜 그러세요?”

달구가 다시 물었습니다.

“얘들아, 너희들 저 사람 알고 있니?”

“누구요?”

“저기 커피 전문점 앞에서 젊은 남자랑 얘기하고 있는 50살쯤 되어 보이는 신사 말이야.”

“아하, 저 사장님이요?”

효돌이가 안다는 듯 고개를 끄덕였습니다.

“효돌아, 넌 아니?”

“네, 아저씨. 우리 아파트 단지에서 사시는데, 우리 동네에선 최고 부자라고 소문 난 분이에요. 왕창 공업 주식 회사 사장님이시래요. 저 아저씨네 막내 아들이 우리 학교 전교 회장이에요.”

“왕창 공업 주식 회사? 어쩐지…… 이 동네에서 자주 본 것 같더라.”

“뭘 만드는 회사인 줄 알고 있니?”

“자동차 부품 만드는 회사래요.”

“아주 큰 회사는 아니구나. 그런데도 외제 차를 타고 다니다니…….”

“아저씨, 그런데 저 사장님이랑 아저씨랑 무슨 안 좋은 일이라도 있었나요?”

새롬이가 물었습니다.

“사실은 며칠 전 다방에 있는 화장실엘 갔다가 옆 칸에서 나는 말소리를 들었단다. 두 사람이 수군수군 얘길하더라구.”

“무슨 얘긴데요?”

“경기도에 공장이 있는데 거기서 나오는 폐수를 밤마다 몰래 강으로 흘려 보내라고 하더라구.”

“누가요?”

아이들은 합창을 하듯 물었다.

“그 사람들이 화장실에서 나올 때까지 숨어 있다가 얼굴을 확인했는데, 저 사장이란 사람이 젊은 남자에게 한 얘기였어.”

“그럼 큰일이네요. 어떻게 하죠, 아저씨?”

“효돌아, 네 생각은 어때?”

"경찰에 신고해요."

"나도 그 생각을 했단다. 하지만 증거가 없어. 경찰이 와서 조사할 때 공장 사람들이 아니라고 잡아떼면 그만이거든."

"그럼 다른 방법은 없어요?"

달구가 안타까운 표정으로 물었습니다.

"있긴 있는데……."

"그게 뭔데요?"

세 아이는 새끼들이 먹이를 물고 온 어미 새에게 달려들 듯 다그쳤습니다.

"폐수를 버리는 현장을 우리가 잡아 내고 사진도 찍는 거야."

"와! 그거 좋은데요."

"아저씨, 저희 집에 비디오 카메라가 있으니까 그걸로 현장을 찍어요. 사진보다 그게 더 좋대요. 작동 방법도 아주 간단해요."

"그럼 그걸 빌려다오."

"아저씨 혼자 가실 거예요?"

"당연하지."

"우리들도 따라갈래요."

"너희들은 너무 어려서 안 된다."

"환경을 지키는데 어른, 어린이가 어디 따로 있어요? 저희들도 갈 거예요."

새롬이는 떼를 썼습니다.

"좋다. 그럼 언제 가지? 너희는 학교에도 가고 숙제도 해야 되잖니?"

"아저씨, 마침 내일 모레가 저희 학교 개교 기념일이라 놀거든요. 그 날 가요."

"하지만 밤에 가야 되는데?"

"아이, 아저씨두……. 붕어 아저씨랑 놀러 간다면 반대하실 부모님은 한 분도 없어요. 그렇지, 달구야? 새롬아?"

"응!"

달구와 새롬이는 신이 나서 고함을 지르다시피했습니다.

"좋다. 그럼 내일 모레 낮 열두 시에 학교 앞에서 만나자. 옷차림은 밤에 춥지 않게 단단히 준비하고, 목이 긴 운동화를 신어라."

"아저씨, 밤에 간다면서 왜 그렇게 일찍 만나요?"

"공장이 용인에 있다고 들었거든. 그러니까 자연 농원 좀 구경하고 작전에 들어 가야지. 개교 기념일인데 아저씨가 자연 농원 구경시켜 줄게."

"와! 신난다. 탐정 놀이도 하고, 자연 농원도 구경하고!

매일매일 개교 기념일이었으면 좋겠다. 히히히…….”

달구는 마치 소풍가는 아이처럼 뛰며 좋아했습니다.

드디어 작전이 시작되었습니다.

붕어 아저씨와 세 아이는 낮 동안은 자연 농원에서 시간을 보낸 다음 저녁을 든든히 먹고 공장으로 향했습니다.

“아저씨, 공장이 어디에 있는지 아세요?”

“그럼. 왕창 공업 주식 회사라는 걸 알고 조사해 두었지.”

“와, 아저씨는 붕어빵 장수보다 탐정이 되시는 게 더 좋겠어요.”

“하하하, 효돌아, 고맙다. 하지만 난 붕어빵 장수가 더 좋단다.”

“그런데 아저씨는 운전도 잘 하시네요.”

“군대에 있을 때 운전병이었거든.”

“아저씨는 못 하시는 게 없네요.”

“아니야. 아저씨도 못 하시는 게 하나 있어.”

“그게 뭔데?”

달구의 말에 새롬이와 효돌이는 물론 붕어 아저씨도 귀를 쫑긋했습니다.

"결혼! 아저씨는 마흔이 넘으셨는데도 아직 결혼을 못 하셨잖아."

"호호호, 달구는 참 웃겨."

"하하하, 달구야, 너는 나중에 꼭 결혼해라."

"녀석. 아저씨를 놀리면 못써. 허허허."

아저씨가 친구 분에게 빌려 온 자가용을 타고 공장근처까지 가니 어느 새 날이 어두워졌습니다.

"자, 이제부터는 걸어가야 하니까 조심해라."

아저씨는 자동차를 산 입구의 으슥한 곳에 세워 두었습니다.

"네, 아저씨."

"쉿! 목소리를 낮춰야 해. 원래 나쁜 일을 하는 사람들일수록 경비를 튼튼히 하는 법이니까."

사람들 눈을 피하느라 손전등도 하나만 켰습니다. 세 아이는 손전등을 든 붕어 아저씨를 오리 새끼들처럼 졸졸 따라갔습니다.

근처에 돼지 사육장이 있는지 심한 오물 냄새가 났습니다. 네 사람은 모두 코를 잡고 얼굴을 찡그렸습니다.

"휴우, 돼지고기는 참 맛있는데 오물 냄새는 좋지 않네요."

효돌이의 말에 달구와 새롬이는 웃음을 참지 못했습니다. 붕어 아저씨가 깜짝 놀라며 두 아이의 입을 막았습니다.

"얘들아, 우린 지금 장난하는 게 아니야."

"아저씨, 이걸 보세요."

그때 달구가 개미만한 소리로 말했습니다. 아저씨와 아이들은 달구가 가리키는 곳으로 갔습니다.

"세상에, 돼지들의 똥오줌을 그대로 하천으로 흘려보내

다니……. 결국 자기들이 먹을 물인데 말이야."

"아저씨, 공장 뿐 아니라 이런 가축 사육장에서도 오물이 많이 나오네요."

"그래, 달구야. 잘 발견했다. 이것도 비디오 필름에 담아야겠어."

아저씨는 조심스레 카메라를 움직였습니다.

츠르르르…….

아저씨가 비디오를 찍는 동안에 세 아이는 망을 보았습니다.

"자, 이젠 공장쪽으로 가자."

날이 어두워진 데다가 가로등 하나 없는 산 속이라 어디선가 도깨비라도 나올 듯했습니다.

풀벌레 우는 소리와 기계 돌아가는 소리만이 산 속에 울려 퍼졌습니다. 너무 조용해서인지 네 사람은 서로의 숨소리까지 들을 수 있을 정도였습니다.

"아저씨, 다 왔나요?"

새롬이가 침을 꿀꺽 삼키며 물었습니다.

"그래. 자, 너희들은 여기서 망을 보거라. 만약 사람이 나타나면 효돌이는 이 라이터를 들고 불을 켜서 빙글빙글 돌리거라. 그리고 달구는 날 따라와서 비디오를 찍을 때 불을 비춰 주고."

"네."

세 아이는 굳은 얼굴로 대답했습니다. 라이터를 든 효돌이는 유난히 눈을 부릅떴습니다.

아저씨와 달구는 적군들이 숨어 있는 곳으로 가는 사람처럼 아주 조심스러우면서도 자신만만하게 걸었습니다.

새롬이와 효돌이는 숨을 죽이며 아저씨와 함께 주위를 지켜 봤습니다.

붕어 아저씨와 달구는 공장 뒤쪽으로 갔습니다. 그쪽으로 하천이 흐르기 때문이죠.

"아저씨, 폐수가 흐르고 있어요."

"그럼 그렇지."

아저씨가 짐작했던 대로 어두운 밤을 이용해 공장에서는 마음놓고 폐수를 흘려 보내고 있었습니다.

"달구야, 하천 쪽으로 내려가서 불을 비춰. 그래, 조금만 더 내려가라."

아저씨, 여기
폐수가 흘러요.

달구는 왠지 손이 떨려 힘을 꽉 주고 불을 비췄습니다.

아저씨는 비디오 카메라를 열심히 돌렸습니다 날씨가 쌀쌀한데도 아저씨와 달구의 이마에는 땀이 송글송글 맺혔습니다.

"달구야, 조금만 참아라. 이제 다 됐다."

달구는 발이 자꾸 아래로 미끄러지는 걸 겨우 참았습니다.

"됐다. 이제 불을 끄고 이리 올라와라."

그런데…….

"아저씨, 으악! 살려 줘요!"

그만 달구가 커다란 비명을 지르며 하천에 푹 빠지고 말았습니다. 연필이 굴러가듯 뒹굴뒹굴 구르는 바람에 그리 깊지 않은 곳인데도 온 몸이 물에 젖고 말았습니다.

"달구야!"

아저씨는 비디오 카메라를 내려놓고 재빨리 하천으로 내려갔습니다. 그리고 달구를 꺼냈습니다.

물 속에서 나온 달구는 머리부터 발끝까지 온통 폐수로 젖어 있었습니다.

"퉤! 퉤! 아저씨, 나 죽는 거 아닐까요? 폐수를 마셨어요."

"빨리 여기서 빠져 나가자. 공장 사람들이 올지 몰라. 그리고 병원에도 가야겠다."

"아저씨, 미안해요."

한편 달구의 비명 소리를 들은 효돌이와 새롬이는 어찌해야 좋을지 몰라 울먹였습니다.

"무슨 일일까?"

"효돌아, 나쁜 사람들한테 잡힌 건 아닐까? 어떡하면 좋지. 우리도 가 보자."

"안 돼. 전쟁 영화에서 자주 봤는데 항상 두 팀으로 나누어져 있어야 무슨 일을 당해도 살아남을 수 있어."

효돌이와 새롬이는 손을 꼭 잡고 아저씨와 달구가 무사히 돌아오기만을 기다렸습니다. 그런데 새롬이의 손이 갑자기 떨렸습니다.

"새롬아, 왜 그래?"

"저기 좀 봐. 공장에서 사람들이 뛰어나오잖아. 큰일났네. 효돌아, 빨리 라이터를 켜."

"그래."

효돌이는 라이터를 켜고 빙빙 돌렸습니다. 그러나 이미 때는 늦고 말았습니다. 열 명이 넘는 공장 사람들 손에 아저씨와 달구가 질질 끌려 나오고 있었습니다.

“효돌아, 어쩌면 좋아.”

새롬이가 소리없이 울었습니다. 용기 있는 효돌이도 이 순간만은 아기처럼 벌벌 떨기만 했습니다.

남자들의 무서운 고함 소리가 났습니다.

“이 봐! 당신 뭐 하는 거야!”

“공장 안으로 끌고 가라!”

“실컷 두들겨 줘야겠어!”

달구의 울음소리도 들렸습니다.

"아저씨, 살려 주세요. 전 아무 잘못 없어요. 으앙, 엄마……."

"이 짜식! 조용히 해! 빨리 끌고 가!"

붕어 아저씨와 달구는 공장 안으로 끌려갔습니다.

두 사람이 공장 안으로 끌려 들어가자 새롬이는 벌떡 일어섰습니다.

"효돌아, 가자."

"어딜?"

"이 동네에도 경찰서가 있을 거 아니야."

"그래, 경찰서에 신고하자."

하지만 손전등도 없이 라이터 불을 켜고 처음 온 산 속 길을 되돌아가는 것은 무척 힘들었습니다. 돌에 걸려 넘어지고, 가시에 다리가 긁혔습니다. 두 아이는 팔과 다리에 상처가 나고 피가 흐르는 것도 모른 채 길을 찾아 앞으로 앞으로 갔습니다.

"빨리 말해! 누가 시켜서 여기 온 거야? 왜 왔어!"

밧줄에 꽁꽁 묶여서 땅바닥에 무릎을 꿇고 앉은 아저씨와 달구는 아무 대답도 하지 않았습니다.

"에잇!"

열 명의 남자 중 제일 힘이 세게 생긴 남자가 아저씨의 가슴을 발로 찼습니다.

"으악!"

아저씨는 뒤로 푹 쓰러지고 말았습니다. 달구는 놀라서 엉엉 울었습니다.

"더 맞고 싶지 않으면 빨리 말해! 얘들아, 사장님께 빨리 연락해."

다른 남자 둘이 아저씨를 일으켜 앉혔습니다.

"우리는 누가 시켜서 온 것이 아니다. 여기 온 것은 폐수를 몰래 버리는 현장을 비디오로 찍어 고발하기 위해서다."

"뭐라고?"

남자들의 얼굴이 새하얗게 질렸습니다.

"어휴, 큰일날 뻔했네. 이거 보통 일이 아니야. 어떻게 하지?"

"일단 사장님이 오실 때까지 기다리자. 그리고 이제 그만 때려."

남자들은 아저씨와 달구에게 더 이상 질문을 하지 않고 그냥 두었습니다. 그리고 저희들끼리 두 패로 나뉘어 책상에 빙 둘러앉아 화투를 쳤습니다. 그러면서 서로 이런 말을 나누었습니다.

"에이! 따지고 보면 저 사람들이 잘못한 건 아니잖아."

"맞아. 1학년 짜리 우리 아들이 그러는데 폐수를 버리면 우리 강이 오염되어서 물을 마실 수 없게 된대."

"하하하, 아들 참 똑똑하네. 자네보다 낫군."

"사실 나도 밤마다 이 일을 하지만 마음이 편하지 않아."

"나도 그래. 어떤 때는 꿈도 꿔."

"무슨 꿈을?"

"물고기들이 수천 마리 나타나서 나를 지옥으로 끌고 가는 거야. 내가 폐수를 버려서 자기들을 다 죽게 했다고 하면서……"

"하지만 사장님의 말을 안 들으면 쫓겨나잖아."

"그게 문제야. 자식들 공부 시키고, 집 장만하려고 나쁜 짓인 줄 알면서도 하는 게……. 그래서 난 우리 자식들 얼굴을 제대로 못 보겠어."

"그건 나도 마찬가지야. 고등학생인 우리 딸은 환경 보호 단체 회원인데 언젠가는 나한테 이렇게 묻더라구. 아버지 회사에선 폐수를 몰래 하천에다 버리지 않죠, 하고 말이야."

"하하하. 그래서 뭐라고 대답했어?"

"깜짝 놀라서 그저 응, 응 하기만 했지. 눈치를 챘는지 그 다음부터 우리 딸이 나만 보면 노래하듯 하는 말이 있어."

"뭔데?"

"나는 아빠를 존경해요. 아빠는 이 세상에서 제일 정직한 사람이니까요. 꼭 이렇게 말하니까 더 괴롭더라구."

"그래서 사람은 죄를 지으면 마음 편하게 못 사는 법이야. 자, 화투나 치자구."

붕어 아저씨와 달구는 남자들의 말을 들으며 안심했습니다. 나쁜 사람들이 아니란 걸 알았기 때문입니다.

밧줄로 묶인 팔이 너무 아프다고 생각하고 있을 때 왕창 공업 주식 회사의 사장이 허겁지겁 나타났습니다.

"뭐야! 도대체 어떤 놈들이 남의 공장에 나타난 거야? 누구야!"

남자들은 재빨리 화투를 치우며 자리에서 일어났습니다.

"사장님, 어서 오십시오. 저기 저 사람입니다."

"어디?"

사장은 이를 악물고 아저씨와 달구를 쳐다보았습니다. 당장이라도 달려들어 붕어 아저씨를 때릴 것만 같았습니다.

"아니, 그런데 저 꼬마는 뭐야? 저 놈이랑 한 패야?"

"그런가 봅니다."

"흥, 그래……."

사장은 의자에 앉아 붕어 아저씨를 쳐다보았습니다. 아저씨도 사장을 쳐다보았습니다. 그러다가 사장이 고개를 갸웃하며 말했습니다.

"어디서 많이 본 얼굴 같은데……."

"잘 보셨습니다. 나는 댁의 아드님이 전교 회장으로 있는 파란 초등학교 앞에서 붕어빵 장사를 하는 사람입니다."

"뭐? 내 아들을 알고 있다고?"

"사장님. 저도 알아요."

"응? 넌 뭐야?"

"저는 파란 초등 학교 1학년 1반인데요, 잘못한 게 없으니 풀어 주세요. 팔이 너무 아파요."

달구는 울먹이며 말했습니다.

"붕어빵 장사…… 그럼 너는 저 사람 아들이냐?"

"아니예요. 저는 붕어빵 아저씨를 좋아해서 같이 따라온 거예요."

"야, 임마! 초등 학생이면 학생답게 공부나 열심히 해! 우리 아들은 단 한 번도 일등을 놓친 적이 없어. 웃기는 일이군. 그런데 왜 내 공장에 와서 비디오를 찍은 거야? 우리 공장이 뭐가 잘못됐어?"

"사장님의 공장에서 밤마다 몰래 폐수 버리는 바람에 하천이 썩어 가는 걸 고발하려고 그럽니다."

"뭐라구? 이 봐! 붕어빵이나 잘 팔지 왜 남의 일에 신경을 쓰는 거야? 그렇게 할 일이 없어?"

사장은 두 주먹을 꽉 움켜쥐고 부르르 떨었습니다.

"우리는 환경을 망가뜨리는 나쁜 일을 보고만 있을 수 없습니다."

"우리 공장에서 폐수를 버리는 게 당신한테 피해를 주기라도 한단 말이야? 폐수가 당신 집 앞으로 흘러가냐구!"

"폐수를 하천에 몰래 버리는 것은 나쁜만 아니라 우리 나라 국민 모두를 괴롭히는 일입니다."

"왜?"

"우리의 강을 오염시키니까 그렇죠."

"하하하, 당신이 경찰이라도 돼?"

"환경 보호는 경찰만 하는 게 아닙니다. 시민 모두가 환경 운동가이고 감시자죠."

"이 봐, 이 사람들을 창고에 가둬 둬. 뜨거운 맛을 보여 줘야겠어. 붕어빵이나 파는 주제에 환경 운동을 하겠다고? 민주화가 되니까 별 이상한 사람이 다 설치네. 어서 끌고 가!"

"네!"

젊은 남자 둘이 뚜벅뚜벅 걸어오더니 붕어 아저씨와 달구를 번쩍 들었습니다.

"이거 놔!"

붕어 아저씨는 발버둥을 쳤으나 결국 창고로 끌려갔습니다. 달구도 엄마를 찾으며 소리소리 질렀으나 아무 소용없는 일이었습니다.

환경오염의 실태

(해양오염의 원인과 피해)

쓰레기장이 되어버린 바다

많은 양의 폐수, 산업 폐기물, 석유류, 플라스틱, 방사성 폐기물 등이 대책없이 바다로 유입되고 있다. 이들 물질은 바다의 동식물에게 치명적인 피해를 주고 산호초와 같은 생태계를 파괴한다. 사람들에게도 아주 위험하다. 바다가 오염되면 자연히 바다에 서식하는 어족들도 오염될 수밖에 없고, 그 일부는 우리 식탁에 올라오기 때문이다. 바다의 오염을 완전히 막을 수는 없지만 바다를 깨끗이 하려는 노력은 계속되어야 한다. 특히 바다의 오염은 개인의 노력만으로 해결할 수 없기에 전 세계적으로 조직적인 활동이 필요하다.

적조

해수 속에 플랑크톤이 급격하게 이상 증식하여 해수가 적갈색을 띠는 현상을 말한다. 액수(厄水), 고조(苦潮), 부수조(腐水潮)라고도 한다. 하천의 유입이 많은 해역에 일어나기 쉽고, 어패류에 커다란 피해를 끼친다. 도시 폐수나 산업 폐수에 의한 해수의 부영양화(富營養化)가 적조 발생의 원인이다

해양 오염 방지 대책

해양은 일단 오염되고 나면 어떠한 방법으로도 단시간에 완벽하게 회복되기가 어렵다. 따라서 사전에 체계적으로 보존 대책을 세워 오염되지 않도록 예방하는 것이 최선책이라 할 수 있다.

해양오염에서 일찍이 문제가 된 것은 기름에 의한 오염이다. 그 방지 대책이 정부간 해사협의기구(IMCO)에서 검토되어, 1954년 '기름에 의한 해수오탁방지를 위한 국제조약'이라는 것이 제정, 1969년 개정되었다. 한국에서는 1978년 말 '해양오염방지법'이 제정되어 전반적인 해양환경 보전과 선박 및 해양시설로부터의 기름배출 기타 폐기물 배출도 규제하고 있다.

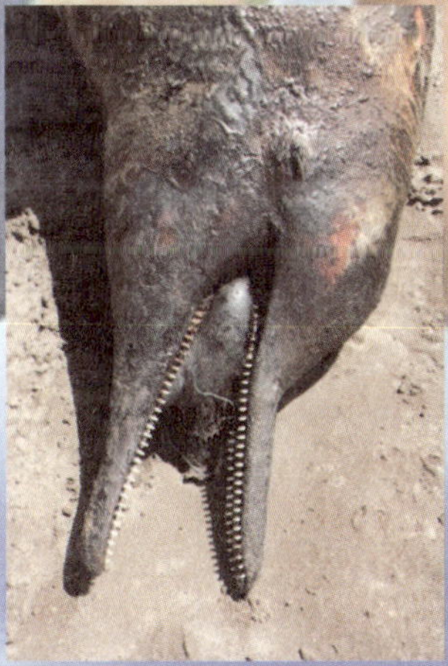

태안 바다를 삼켜 버린 원유

2007년 12월 7일 발생한 서해안 태안 앞바다의 원유 유출 사고는 홍콩 선적의 유조선 '허베이스피리트'와 삼성물산 소속 '삼성 1호'가 충돌하면서 유조선 탱크에 있던 총 12,547㎘의 원유가 태안 해역으로 유출된 사고이다. 인천대교 공사를 마친 삼성 1호 크레인 부선(동력이 없는 배)을 예인선이 경남 거제로 끌고 가는 과정에서 와이어가 끊어지면서 부선이 인근 바다에 정박해 있던 유조선과 충돌하여 벌어진 일이다.

정부가 태안 생태계를 조사한 결과, 기름 유출 사고 전에 비해 바닷속 생물의 개체수가 절반가량 줄어들었다고 한다. 뉴스에서도 앞으로 5년 정도는 더 지나야 조개류가 돌아올 것이고, 10년 정도가 지나야 예전과 같아질 것이라고 한다. 김이나 파래 등의 해조류는 평균 43% 감소했고, 갑각류의 개체수도 급격히 줄었으며, 지중해담치와 쏙의 몸속에서는 벤젠 화합물과 구리, 카드뮴 같은 중금속까지 발견되었다고 한다. 갯벌 퇴적물 속에 있는 기름 성분의 농도도 사고 전에 비해 5배 이상 증가했다.

지구 수비대 만세!

한편 산 속 길을 더듬어 마을로 내려간 새롬이와 효돌이는 어떻게 되었을까요?

"효돌아, 저기 파출소가 있어!"

새롬이는 너무 좋아 팔짝팔짝 뛰었습니다.

"새롬아, 뛰어가자."

산길을 헤매느라 지칠 대로 지친 효돌이와 새롬이지만 마지막 힘을 내어 달렸습니다.

"경찰 아저씨! 경찰 아저씨!"

효돌이는 문이 부서질 만큼 세차게 밀치고 안으로 들어갔습니다.

"아니, 너희들 왜 그러니?"

온통 상처투성이인 데다가 팔 다리에 피까지 흐르는 아

이 둘이 소리를 지르며 들어오자 경찰관들은 모두 자리에서 벌떡 일어났습니다.

"큰일났어요! 사람이 잡혀 갔어요! 으앙!"

"경찰 아저씨, 빨리 도와주세요. 붕어 아저씨랑 달구가 죽을지도 몰라요. 으앙!"

두 아이는 그제서야 안심이 되어 큰 소리로 울음을 터뜨렸습니다.

"애들아, 우리들이 도와 줄 테니까 차근차근 얘기해 보렴."

"너희들은 이 동네 아이들 같지 않은데 도대체 무슨 일이니?"

"집을 잃어버렸니?"

두 명의 경찰관과 방범 대원 아저씨 한 명이 아이들의 눈물을 닦아 주며 달랬습니다. 효돌이는 울먹이면서도 차근차근 설명했습니다.

"정말 큰일났구나…… 김 방범은 소장님께 연락하고 우리는 다른 경찰들과 연락해서 어서 출동하자구."

"얘들아, 너희는 여기 있거라. 방범 아저씨가 약도 발라 주시고 맛있는 걸 주실 거다."

경찰관은 비상벨을 누르더니 눈 깜짝할 사이에 밖으로 뛰어나갔습니다.

파출소에는 방범 아저씨와 효돌이, 새롬이만 남게 되었습니다. 방범 아저씨는 두 아이의 상처를 치료해주고 과자도 주었습니다.

"쯧쯧, 어린 것들이 얼마나 놀랐을까. 많이 아프냐?"

"네. 그런데, 방범 아저씨. 붕어 아저씨랑 우리 친구 달구는 괜찮을까요?"

효돌이는 손등으로 눈물을 닦으며 물었습니다.

"그럼. 우리 나라 경찰관들이 어떤 분들인데……. 아무

걱정 말고 너희는 마음 편히 있거라. 어? 너는 뭐하니? 과자 좀 먹어라."

방범 아저씨는 손을 모으고 눈을 감은 새롬이를 불렀습니다.

"아저씨. 저는 지금 기도하고 있어요. 마음씨 좋은 붕어 아저씨랑 달구를 다시 만날 수 있게 해달라고요. 너무너무 슬프고 무서워요. 왜 어른들은 나쁜 짓을 많이 하죠?"

"그러게 말이다. 그 어른들도 꿈이 많은 어린 시절이 있었을 텐데……. 우리 아들은 초등학교 5학년인데 앞으로 잘 자라줬으면 좋겠어. 그런데 워낙 세상이 어지러워서……."

방범 아저씨의 얼굴도 우울해 보였습니다.

"방범 아저씨, 그 사장님의 막내 아들이 저희 학교 전교 어린이 회장이에요. 그런데 어떻게 나쁜 짓을 할까요? 정말 어른들은 이상해요. 그 전교 회장 형은 작년에 학교에서 주는 환경 보호 금상도 받았었거든요."

"뭐? 그런데도 그렇게 나쁜 짓을 하다니……. 자기 자식 앞에서 부끄러움도 못 느끼는지, 원. 아니, 얘들이……."

방범 아저씨는 깜짝 놀랐습니다.

두 아이가 서로 머리를 기대고 잠이 든 게 아니겠어요.

"쯧쯧, 얼마나 피곤했으면……."

방범 아저씨는 두 아이를 차례로 안고 가서 숙직실 방에 눕혔습니다. 따뜻한 이불도 덮어 주었지요.

"사장님!"

"아니, 왜 경찰이 왔죠?"

갑자기 사장실에 나타난 경찰들을 보고 사장의 얼굴은 새파랗게 질렸습니다.

"신고를 받고 왔습니다."

"신고라뇨?"

"이 공장에서 폐수를 몰래 버리는 걸 비디오로 찍어 사람들에게 알리고자 했던 두 사람을 잡아 뒀다는 신고입니다."

"아, 아닙니다! 나는 그런 짓 못 합니다. 나를 뭘로 보고 하는 소립니까?"

사장은 두 손을 내저으며 거짓말을 했습니다.

"그럼 공장 안을 샅샅이 조사해도 되겠죠?"

"안 됩니다! 수색 영장 가지고 왔나요?"

사장은 자리에서 일어났습니다.

"네. 그럼 수색을 시작하겠습니다."

경찰들이 나가려 하자 사장이 황급히 다가와서 한 경찰

관의 팔을 잡았습니다.

"저, 이거 받으시죠."

사장은 지갑에서 수표를 꺼내 경찰관의 손에 쥐어 주었습니다.

"아니, 이게 뭐요? 공무원에게 쓸데없이 돈을 주면 뇌물죄로 걸린다는 걸 몰라요? 사장님은 죄가 하나 더 늘어난 셈입니다. 아직도 이렇게 나쁜 생각을 하다니, 사장님은 자식도 없습니까?"

경찰관은 수표를 내던지며 버럭 화를 냈습니다.

"죄송합니다. 자수하겠습니다."

"자수하겠다구요? 정말 잘 된 일이군요. 폐수를 몰래 버리는 것도 나쁜 일이지만 사람을 유괴하거나 가둬두는 게 얼마나 큰 죄인 줄 아시죠? 자, 사람들을 가둬 둔 곳으로 빨리 갑시다."

"죄, 죄송합니다. 아이구, 내가 왜 그랬나…… 돈 몇 푼 아끼려다 회사도 망하고 나도 망하는구나."

사장은 눈물을 뚝뚝 흘리며 앞장 섰습니다.

"아니, 그런데 직원들이 다 어디 갔지? 김 기사! 박 반장! 유 공장장!"

사장이 소리쳤으나 누구 하나 대답하는 사람이 없었습니

다.

"여깁니다."

할 수 없이 사장은 직접 창고문을 열었습니다. 공장 사람들은 경찰관들이 나타나자마자 도망가고 한 명도 없었습니다. 자신들이 나쁜 짓을 했다는 걸 잘 알기 때문이죠.

"달구야! 경찰이 왔다."

"어? 아저씨, 우린 이제 살았죠?"

"그래! 효돌이랑 새롬이가 큰 일을 해 냈구나."

붕어 아저씨와 달구는 공장 사람들에게 맞은 곳이 아프기는 했지만 너무 기뻐 환하게 웃었습니다.

"고생이 많으셨습니다. 정말 장한 일을 하셨더군요. 존경스럽습니다. 저희들도 못 한 일을 혼자 해 내시다니."

경찰관은 밧줄로 묶여 있던 붕어 아저씨의 팔을 풀어 주고는 붕어 아저씨에게 경례를 했습니다.

"경찰관 아저씨, 저도 했어요."

"그래? 그럼 너는 머리를 쓰다듬어 주지."

자기도 경례를 받을 줄 알았던 달구는 실망하여 혀를 쏙 내밀었습니다.

"어디 다친 데는 없나요? 우선 병원부터 가서 진찰을 받읍시다. 박 순경! 이 두분을 빨리 병원으로 모시고 가게."

"네!"

"정말 고맙습니다. 저희는 죽는 줄 알았답니다. 고맙습니다."

붕어 아저씨는 허리를 굽혀 인사했습니다. 달구도 따라 했습니다.

"사장님은 저 차를 타시죠."

손목에 수갑이 채워진 사장은 고개를 푹 숙인 채 경찰 차에 올랐습니다. 사장의 머릿속에 제일 먼저 떠오른 것은 막내 아들의 얼굴이었습니다.

'철수야, 미안하구나. 아버지 노릇도 제대로 못 하다니……. 이 아버진 미안하다는 말밖에 할 말이 없구나. 아버지를 용서해 다오. 가난하게 살더라도 다시는 나쁜 짓을 하지 않을게.'

그 다음날.

신문, 라디오, 텔레비전에는 붕어 아저씨와 세 아이의 용감한 이야기가 실렸습니다. 특히 텔레비전에서는 붕어 아저씨가 찍은 비디오 필름을 보여 주며 환경 문제에 대한 특별 프로그램을 방영했습니다.

따르르릉…….

"여보세요?"

"붕어 아저씨! 저, 새롬이에요. 오늘 우리 학교에 오시는 것 잊지 않으셨죠? 시간 맞춰서 오세요."

"오냐, 오냐! 너도 효돌이랑 달구와 함께 상을 받겠구나?"

"네! 아저씨, 예쁜 옷 입고 오세요!"

새롬이의 목소리는 들떠서 날아갈 듯했습니다.

파란 초등학교 교장 선생님은 세 아이뿐 아니라 붕어 아저씨에게도 상을 주기로 했습니다. 왕창 공업 주식 회사의 폐수 사건 이후 세 아이와 붕어 아저씨는 상을 많이 받았습니다.

서울시가 주는 용감한 시민상, 텔레비전 방송국에서 준 현장 뉴스 고발상, 환경 단체에서 준 환경 시민상, 경기도에서 준 감사패 등등…… 요즘 네 사람은 상 받으러 다니느라 정신이 없을 정도입니다.

이뿐 아닙니다. 여기저기서 인터뷰도 하고, 여러 초등학교와 모임에 초대를 받아 경험담을 얘기하느라고 무척 바쁩니다.

하지만 붕어 아저씨와 세 아이가 제일 기뻐하는 상은 오늘 학교에서 받는 상입니다. 아저씨는 오랜만에 양복을 입고 넥타이를 매고 파란 초등학교로 향했습니다. 발걸음이 새의 깃털처럼 가벼웠습니다. 파란 초등학교 안에 들어가기는 처음이거든요.

"아저씨!"

운동장에 있던 아이들은 붕어 아저씨가 들어서자 박수를 치며 기뻐서 와, 하고 소리를 질렀습니다. 아이들은 마치 유명한 가수 오빠가 나타난 것처럼 좋아했습니다. 아저씨는 활짝 웃으며 손을 흔들었습니다.

'정말 사랑스러운 아이들이구나. 하긴 이 세상 어린이를

모두 내 자식처럼 생각하며 보살펴 주고 사랑한다면 문제 청소년은 생기지 않을 거야.'

드디어 시상식이 시작되었습니다.

세 아이는 "자랑스러운 우리 학교 어린이상"을 받았고, 붕어 아저씨는 "자랑스러운 우리 동네 사람상"을 받았습니다.

"여러분, 그럼 상을 받은 네 사람을 대표해서 붕어 아저씨, 아니 김대한 아저씨의 소감을 듣겠습니다."

교장 선생님을 통해 아저씨의 이름을 처음 알게 된 아이들은 또 다시 소리를 질렀습니다.

"김대한 아저씨, 만세!"

붕어 아저씨는 앞으로 나와 인사를 한 다음 말을 시작했습니다.

"파란 초등학교 어린이 여러분. 나는 학교 앞에서 붕어빵 장사를 하는 아주 평범한 사람입니다. 하지만 어린이를 사랑하고, 자연을 사랑하는 일에는 특별한 사람이 되고 싶습니다. 그래서 오늘 상을 받은 기념으로 여러분에게 한 가지 의견을 말하려고 합니다. 저는 우리 동네의 환경을 보호하기 위해 어린이 환경 보호대를 만들려고 합니다. 이 모임의 회원이 되어 같이 일하고 싶은 어린이는 이번 토요

일에 아저씨 가게로 오세요. 하지만 회원이 되려면 몇 가지 자격을 갖춰야 합니다. 첫째, 숙제를 잘 하는 어린이. 둘째, 다른 사람이 보지 않아도 환경 보호를 잘 할 수 있는 어린이. 셋째, 어른을 공경할 줄 아는 어린이입니다……."

아저씨의 말은 계속 이어졌습니다.

자 돌아오는 토요일에 붕어 아저씨 가게 앞에서는 어떤 일이 벌어질까요?

어린이 환경 보호대의 회원이 되려고 아이들이 몰려올까요? 아니면 아무도 오지 않아 썰렁할까요?

여러분이 파란 초등학교 학생이라면 어떻게 할 건지 생각해 보세요.

도전 리틀과학자
꾸러기 지구 수비대

2015. 3. 3 인쇄
2015. 3. 5 발행

글 대한과학진흥회
그림 정동철
펴낸이 신 주 황
펴낸곳 스완미디어
등록 제2-4534호
주소 서울시 중구 만리동2가 12-33 태영빌딩
홈페이지 www.dollplaybooks.com
대표전화 02) 393-0026
팩스 02) 312-8349

ISBN 978-89-92565-76-9
ISBN 978-89-92565-70-7 (SET)

값 9,800원
※ 잘못 만들어진 책은 구입하신 곳에서 바꾸어 드립니다